Company's Coming®

150 DELICIOUS SQUARES

by

Jean Paré

Front Cover

1. Caramel Slice page 65
2. Chocolate Cherry Slice page 64
3. Neapolitan Squares page 83
4. Butter Tart Bars page 138
5. Cherry Triangles page 77
6. Lemon Slice page 48

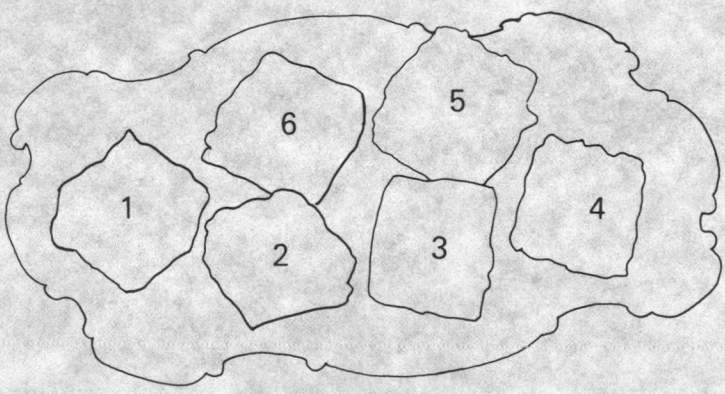

Company's Coming®

150 DELICIOUS SQUARES

Copyright © 1981 by Company's Coming Publishing Limited
All Rights Reserved

Nineteenth Edition August 1988

I.S.B.N. 0-9690695-0-2

Published and Distributed by
Company's Coming Publishing Limited
Box 8037, Station "F"
Edmonton, Alberta, Canada
T6H 4N9

Printed in Canada

Special thanks to my mother, Ruby Elford, from whom I learned to appreciate good cooking. Also dedicated to my father, Edward Elford, who praised even my earliest attempts.

table of Contents

	Page
Foreword	7
Unbaked Squares	8
Baked Squares	46
Metric Conversion Chart	148
Index	149
Mail Order Coupons	153

Cookbooks in the Company's Coming series by Jean Paré:

150 DELICIOUS SQUARES

CASSEROLES

MUFFINS & MORE

SALADS

APPETIZERS

DESSERTS

SOUPS & SANDWICHES

HOLIDAY ENTERTAINING

COOKIES

JEAN PARÉ'S FAVORITES VOLUME ONE

VEGETABLES (APRIL, 1989)

FOREWORD

For almost as long as I can remember, I have been compiling recipes in boxes, scrap books, files and more boxes. Through years of catering, I have used most of the recipes in this book at one function or another, many of which have been requested by those attending.

Enough of files and boxes. The time has come to put together an assortment of squares that I hope will become a valuable source of future baking ideas for you.

Baking has always been an enjoyable experience for me, as practically everyone enjoys tasting each new treat.

Every recipe in this book has been tried and taste-tested many times. You may freeze each recipe very successfully. However, I recommend adding the icing or frosting the last day or two before serving for best results. All the icings and frostings can be made and frozen in separate containers. Accompanying photographs will help you to visualize your choice of squares before baking.

Call your friends. Brew some coffee. Make some squares. Company's coming!

Jean Paré

CHOCOLATE ROLL

This is a colorful confection. It freezes well. After a few slices are cut, you can pop it back in the refrigerator or freezer. The icing sugar gives it a very smooth texture.

Semisweet chocolate chips	**1 cup**	**250**
Butter or margarine	**2 tbsp.**	**30 mL**
Egg, beaten	**1**	**1**
Icing (confectioner's) sugar	**1 cup**	**250 mL**
Small colored marshmallows	**2½ cups**	**625 mL**
Maraschino cherries, quartered	**½ cup**	**125 mL**
Chopped walnuts	**½ cup**	**125 mL**

Coconut for coating

Melt chips and butter in large heavy saucepan over low heat. Remove from heat.

Add beaten egg, icing sugar, marshmallows, well-drained and quartered cherries and walnuts. Stir to mix. Cool if very warm. Form mixture into a roll.

Sprinkle some coconut over countertop, in space big enough to move roll around to coat with coconut. After well coated, wrap in either wax paper or plastic. Chill well before attempting to slice. Slice thinly with clean sharp knife.

Pictured on page 17.

The best time to sample all the goodies you want is when you are so tired or so busy that you will forget that you had any. Your body can't remember if your brain forgets.

PEANUT BUTTER RICE KRISPIES

I think this was intended for the kids but we all eat and enjoy them.

Sweetened condensed milk (not evaporated)	**⅔ cup**	**150 mL**
Peanut Butter	**¼ cup**	**50 mL**
Light corn syrup	**¼ cup**	**50 mL**
Brown sugar, packed	**½ cup**	**125 mL**
Crisp rice cereal	**4 cups**	**1 L**

Cook first 4 ingredients in saucepan until well mixed and thickened, stirring constantly. Remove from heat.

Add rice cereal, stirring to coat. Pack into greased 9 x 9 - inch (22 x 22 cm) pan. Cool. Ice. Cut into squares. Makes 36.

ICING

Chocolate chips	**½ cup**	**125 mL**
Peanut butter	**2 tbsp.**	**30 mL**

Melt chips and peanut butter over low heat and spread over bars.

Pictured on page 17.

RICE KRISPIES

Is there a child that doesn't ask for these again and again?

Butter or margarine	**¼ cup**	**50 mL**
Large marshmallows	**32**	**32**
Crisp rice cereal	**5 cups**	**1.1 L**

In a large, heavy saucepan, melt the butter. Add the marshmallows and melt over low heat stirring until they are melted. Add the cereal. Stir until well coated. Press into buttered 8 x 8 - inch (20 x 20 cm) pan. Let stand for a few hours to set before cutting. Makes 25 squares.

Variation: Melt 1 cup (250 mL) semisweet chocolate chips and spread over top if desired.

Pictured on page 123.

CHOCOLATE CRISPS

Any age can make this in a flash. It is like candy to eat.

Honey	**¾ cup**	**175 mL**
Peanut butter	**1 cup**	**250 mL**
Semisweet chocolate chips	**1 cup**	**250 mL**
Salted peanuts	**1 cup**	**250 mL**
Crisp rice cereal	**3 cup**	**750 mL**

Melt the honey and peanut butter in a large saucepan over low heat. Bring slowly to a boil. Remove from heat.

Add chips. Stir until they melt.

Add peanuts and rice cereal. Stir to coat. Press in greased 9 x 9 - inch (22 x 22 cm) pan. Chill well before cutting. Cut into 25 or 36 squares.

Pictured on page 123.

S'MORES

These can be made as fast as they can be eaten. Great for picnics around a camp fire.

Whole graham crackers
Thin milk chocolate bars
Large marshmallows

For each square will need 2 crackers. A large graham square will need 4 squares of chocolate to fit nicely. Put the chocolate on the cracker. Put marshmallow on fork and toast over fire or a red-hot burner. When it is toasted and melting, push it on top of the chocolate. Cover with second cracker pressing down. Wait for 1 or 2 minutes before eating so that the chocolate begins to melt from the heat of the marshmallow. Another method is to put the cracker, chocolate and marshmallow under the broiler; then cover with second cracker when done. Mmmm, s'more please!

Variation: Use chocolate mint wafers instead of chocolate bars.

Pictured on page 123.

FANCY WHIP UP

No pot or pan for this. A very pretty confection.

Whole graham crackers

Butter or margarine	**½ cup**	**125 mL**
Icing (confectioner's) sugar	**1½ cup**	**375 mL**
Egg	**1**	**1**
Pinch of salt	**1**	**1**
Vanilla	**¾ tsp.**	**3 mL**
Shredded coconut	**1 cup**	**250 mL**
Maraschino cherries, well-drained and chopped	**½ cup**	**125 mL**
Chopped walnuts	**½ cup**	**125 mL**

Whole graham crackers

Line ungreased 8 x 8 - inch (20 x 20 cm) pan with whole crackers, trimming to fit.

Beat butter, icing sugar and egg until light. Add salt, vanilla, coconut, cherries and nuts. Mix together well. Spread over crackers in pan. Smooth top.

Cover with layer of graham crackers. Frost.

ICING

Icing sugar	**1½ cups**	**375 mL**
Butter or margarine	**3 tbsp.**	**50 mL**
Vanilla	**½ tsp.**	**3 mL**
Water	**5 tsp.**	**25 mL**

Beat all together in bowl. Add more liquid or icing sugar to make icing the proper consistency for spreading easily. Let stand a few hours to allow crackers to soften. Store covered in refrigerator. Cut into 25 squares.

Pictured on page 17.

BABA RUM ROLL

You can make this more or less rummy by manipulating the water measurement.

Vanilla wafer crumbs	**3 cups**	**750 mL**
Cocoa	**3 tbsp.**	**50 mL**
Apricot jam, sieved	**4 tbsp.**	**60 mL**
Rum (or water and rum flavoring)	**3 tbsp.**	**45 mL**
Water	**2-3 tbsp.**	**30-45 mL**
Apricot jam, sieved	**1 tbsp.**	**15 mL**
Water	**2 tsp.**	**10 mL**
Chocolate sprinkles for coating		

Combine cookie crumbs with cocoa in medium-sized bowl. Stir in sieved jam and rum. Add water adjusting to a little more or a little less. If crumbs are very fine it can make a difference. Squish well until it will hold together. Form into 1 or 2 logs.

Combine sieved jam with water. Coat logs well with this mixture. Roll in chocolate sprinkles to coat well. Do not cover at this point or it will get very wet and runny. Allow to dry and then wrap. Slice in thin slices when needed.

Pictured on page 17.

COCONUT ROLL

A slice with few ingredients. One more for coconut lovers.

Coconut	**1½ cups**	**375 mL**
Peanut butter	**½ cup**	**125 mL**
Corn syrup, light or dark	**1 tbsp.**	**15 mL**
Coconut to coat		

Mix coconut, peanut butter and syrup together well until dampened. Form into roll.

Roll in coconut to coat well. Wrap and store in refrigerator. Slice in thin slices to serve.

Pictured on page 17.

MIDNIGHT MINTS

The perfect ending to a meal or lunch. The minty taste goes with just anything.

Butter or margarine	**½ cup**	**125 mL**
Granulated sugar	**¼ cup**	**50 mL**
Cocoa	**5 tbsp.**	**75 mL**
Egg, beaten	**1**	**1**
Graham cracker crumbs	**1¾ cups**	**400 mL**
Chopped walnuts	**½ cup**	**125 mL**
Fine coconut	**¾ cup**	**175 mL**
Butter or margarine	**⅓ cup**	**75 mL**
Milk	**3 tbsp.**	**45 mL**
Peppermint flavoring	**1 tsp.**	**5 mL**
Icing (confectioner's) sugar	**2 cups**	**450 mL**
Green food coloring		
Semisweet chocolate chips	**⅔ cup**	**150 mL**
Butter or margarine	**2 tbsp.**	**30 mL**

Bottom Layer: Combine first amount of butter, first amount of sugar and cocoa in saucepan. Bring slowly to a boil. Stir in egg to thicken. Remove from heat.

Stir in crumbs, nuts and coconut. Pack very firmly into greased 9 x 9 - inch (22 x 22 cm) pan.

Second Layer: Combine second amount of butter, milk, flavoring and icing sugar in bowl. Beat together well. Tint a pretty green. Spread over first layer.

Third Layer: Melt chips and third amount of butter in saucepan over low heat or hot water. Spread over second layer. Chill and store covered in refrigerator. This will keep well and will also freeze well. Cut 36 squares.

Pictured on page 123.

OH HENRY BUTTERSCOTCH

You will find of all the no-bake bars, this is a favorite. Be sure to try this one.

Whole graham crackers

Butter or margarine	**¾ cup**	**175 mL**
Brown sugar, packed	**⅔ cup**	**150 mL**
Milk	**½ cup**	**125 mL**
Vanilla	**1 tsp.**	**5 mL**
Graham cracker crumbs	**1¼ cups**	**300 mL**

Whole graham crackers

Line ungreased 9 x 9 - inch (22 x 22 cm) pan with whole crackers, trimming to fit.

Combine butter, sugar, milk and vanilla in large saucepan. Bring to boil and simmer for 5 minutes. Remove from heat.

Stir in crumbs. Pour over crackers in pan.

Cover with layer of whole crackers, trimming to fit. Cool. Ice with butter icing. Cut into 36 squares.

ICING

Icing (confectioner's) sugar	**1½ cups**	**375 mL**
Butter or margarine	**3 tbsp.**	**50 mL**
Water	**1½ tbsp.**	**20 mL**
Vanilla	**½ tsp.**	**3 mL**

Beat all together in small bowl. Add more water if icing seems too stiff to spread or more icing sugar if it is too runny to hold its position wherever it is spread.

Pictured on page 17.

CEREAL SLICE

The name of this should be changed because it doesn't taste anything like breakfast. You don't need the oven for this one.

Corn syrup, light or dark	**½ cup**	**125 mL**
Brown sugar, packed	**½ cup**	**125 mL**
Peanut butter	**½ cup**	**125 mL**
Cornflakes	**2 cups**	**500 mL**
Crisp rice cereal	**1 cup**	**250 mL**

Heat syrup and sugar in saucepan, stirring until sugar is dissolved. Remove from heat. Stir in peanut butter until smooth.

Add cornflakes and rice cereal. Stir to coat well. Press in greased 9 x 9 - inch (22 x 22 cm) pan. Ice with butter icing or the following:

ICING

Brown sugar, packed	**1 cup**	**225 mL**
Cream	**2 tbsp.**	**30 mL**
Butter	**2 tsp.**	**10 mL**
Icing (confectioner's) sugar to start	**½ cup**	**125 mL**

Measure sugar, cream and butter into saucepan. Bring to boil and allow to boil for a minute. Cool. Add icing sugar until thick enough to spread. Spread over top. Cut into 36 squares.

Pictured on page 17.

While attending a convention, this is your chance to consume all kinds of extras. After all, it is a professional obligation, not food intake.

FLAT TRUFFLES

A snap to make. A smooth creamy texture that melts in your mouth.

Butter or margarine	**½ cup**	**125 mL**
Cocoa	**⅓ cup**	**75 mL**
Icing (confectioner's) sugar	**¾ cup**	**175 mL**

Crushed nuts for coating

Cream the butter until soft and pliable. Sift in the cocoa to ensure there are no lumps. Blend well. Add the icing sugar, sifting if there are any lumps. Mix well adding more icing sugar if too soft to roll. You will be able to work 1 or 2 spoonfuls at least into batter. Shape into roll.

Roll in crushed nuts. Chill for several hours. Serve in slices.

Pictured on page 17.

1. Chocolate Roll page 8
2. Cereal Slice page 15
3. Chocolate Boil page 21
4. Raisin Quickie page 22
5. Peanut Butter Rice Krispies page 9
6. Butterscotch Coconut Squares page 27
7. Saucepan Brownies page 23
8. Nummies page 37
9. Snow Log page 24
10. T.V. Roll page 32
11. Chocolate Carousels page 31
12. Chocolate Peanut Cookies page 32
13. Chocolate Cherry Creams page 33
14. Fruit Roll page 20
15. Krispy Krunch Bars page 38
16. Flat Truffles page 16
17. Bridge Peel Dainties page 24
18. Chocolate T.V. Roll page 28
19. Fudgy Macaroons page 20
20. Festive Fruit page 43
21. Millionaire Squares page 45
22. Fancy Whip Up page 11
23. Butterscotch Confetti page 33
24. Oh Henry Butterscotch page 14
25. Graham Mint Roll page 19
26. Cherry Wonder page 30
27. Oh Henry Bars page 44
28. Nanaimo Bars page 40
29. Pineapple Log page 39
30. Baba Rum Roll page 12
31. Apricot Roll page 19
32. Coconut Roll page 12
33. Chocolate Coconut Layer page 25
34. Tropical Treat page 29
35. Chow Mein Noodles page 34
36. Rainbow Pastel page 25
37. Marshmallow Roll page 38

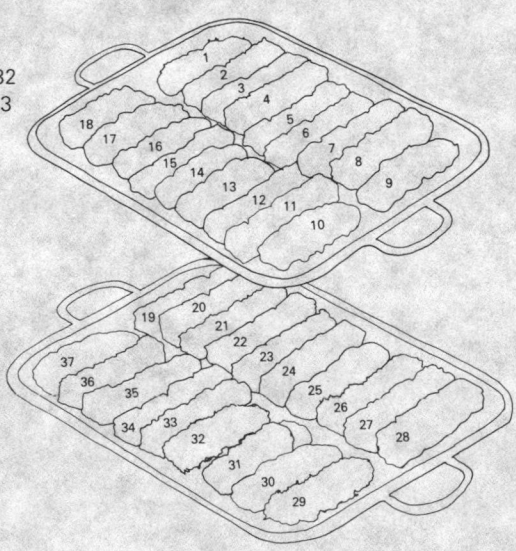

GRAHAM MINT ROLL

These can be shaped into tiny rolls to serve as an after-lunch mint substitute.

Graham cracker crumbs	**2 cups**	**450 mL**
Tiny after-dinner mints	**⅞ cup**	**200 mL**
Sweetened condensed milk	**10 oz.**	**284 mL**
Coconut	**½ cup**	**125 mL**
Coconut for coating		

Place crumbs in medium-sized bowl. Grind mints in food processor or grinder and add to crumbs. Stir in condensed milk and first amount of coconut. Let stand for 5 or 10 minutes in bowl.

Sprinkle coconut on waxed paper. Put mixture over top and shape into log. Roll in coconut until coated. Chill in plastic wrap. Slice as needed.

Pictured on page 17.

APRICOT ROLL

Not as sweet as most rolls.

Dried apricots, chopped	**1 cup**	**250 mL**
Dates, chopped	**½ cup**	**125 mL**
Vanilla cookie crumbs	**¾ cup**	**175 mL**
Lemon rind, grated	**2 tsp.**	**10 mL**
Shredded coconut	**½ cup**	**125 mL**
Icing (confectioner's) sugar	**⅓ cup**	**75 mL**
Brandy flavoring	**2 tsp.**	**10 mL**
Orange juice	**3 tbsp.**	**30 mL**
Granulated sugar		

Either chop the apricots and dates or put them through the food grinder. Combine in bowl along with cookie crumbs, lemon rind, coconut and icing sugar.

Mix the brandy flavoring with the orange juice, then add to dry mixture. Form into roll. Roll in sugar. Chill in regrigerator. Slice thinly as required.

Pictured on page 17.

FUDGY MACAROONS

Crunchy butterscotch treats.

Evaporated milk	**1 cup**	**250 mL**
Granulated sugar	**1½ cups**	**375 mL**
Butter or margarine	**¼ cup**	**50 mL**
Vanilla	**1 tsp.**	**5 mL**
Butterscotch chips	**2 cups**	**250 mL**
Cornflakes, pushed down slightly in cup	**4 cups**	**1 L**
Coconut	**2½ cups**	**625 mL**
Chopped walnuts	**1 cup**	**250 mL**

Combine milk, sugar and butter in saucepan. Over medium heat bring to a full rolling boil that you cannot stir down. Remove from heat.

Add vanilla and chips. Stir until chips are melted.

Stir in cornflakes, coconut and nuts. Spread in waxed paper lined 8 x 8 - inch (20 x 20 cm) pan. Chill well before attempting to cut. Cut into 25 squares.

Pictured on page 17.

FRUIT ROLL

The sweetness of this roll comes only from the fruit.

Dates, chopped	**½ cup**	**125 mL**
Cherries, chopped	**½ cup**	**125 mL**
Candied pineapple	**¼ cup**	**50 mL**
Raisins	**½ cup**	**125 mL**
Walnuts	**¼ cup**	**50 mL**
Salt	**⅛ tsp.**	**0.5 mL**
Coconut	**¼ cup**	**50 mL**
Granulated sugar		

Put all ingredients through a food chopper. Mix well, adding a bit of water if needed to make it cling together. Form into log 2 inches (5 cm) in diameter. Roll in granulated sugar. Chill. Slice into thin slices as needed. Freezes well.

Pictured on page 17.

CHOCOLATE BOIL

Here is another of those time-saver, no-bake, medium-sweet squares.

Butter or margarine	**½ cup**	**125 mL**
Cocoa	**2 tbsp.**	**30 mL**
Milk	**1 tbsp.**	**15 mL**
Brown sugar, packed	**1 cup**	**225 mL**
Eggs, beaten	**2**	**2**
Graham cracker crumbs	**3 cups**	**700 mL**
Coconut	**½ cup**	**125 mL**
Chopped walnuts	**½ cup**	**125 mL**
Salt	**¼ tsp.**	**1 mL**

Bring to boil in saucepan the butter, cocoa, milk, sugar and eggs. Boil 1 minute.

Stir in remaining ingredients. Press into greased 9 x 9 - inch (22 x 22 cm) pan (or wax paper lined). Cool.

ICING

Semisweet chocolate chips	**1 cup**	**225 mL**
Butter or margarine	**2 tbsp.**	**30 mL**

Melt chips and butter in saucepan over low heat. Spread over cooled bars. Allow to set before cutting. Store in refrigerator. Cut into 36 squares.

Pictured on page 17.

A friend has gone to a lot of work to serve you a deliciously rich lunch. It simply doesn't count, no matter what kind of a diet you are on. That is an obligation not a meal.

RAISIN QUICKIE

One saucepan does it all. Rich caramel taste.

Whole graham crackers

Raisins	**¾ cup**	**175 mL**
Water	**¼ cup**	**50 mL**
Butter or margarine	**½ cup**	**125 mL**
Cocoa	**1 tbsp.**	**15 mL**
Granulated sugar	**1 cup**	**250 mL**
Egg, beaten	**1**	**1**
Graham cracker crumbs	**1 cup**	**250 mL**
Chopped walnuts	**½ cup**	**125 mL**

Whole graham crackers to cover

Line 9 x 9 - inch (22 x 22 cm) pan with crackers, trimming to fit.

In large saucepan, boil raisins and water for 2 minutes. Add butter, cocoa, sugar and beaten egg. Stir to combine until butter melts and mixture thickens slightly. Remove from heat.

Add crumbs and nuts. Pour over graham crackers in pan.

Cover with layer of whole graham crackers trimmed to fit. Cool and frost. Cut into 36 squares after crackers soften a bit.

ICING

Icing (confectioner's) sugar	**1¼ cups**	**300 mL**
Cocoa	**¼ cup**	**50 mL**
Butter or margarine	**3 tbsp.**	**45 mL**
Water or prepared coffee	**1½ tbsp.**	**20 mL**

Beat all together in bowl, adding more water if needed to make icing soft enough to spread. Frost raisin squares. Store in refrigerator, covered. Also good with vanilla icing.

Pictured on page 17.

SAUCEPAN BROWNIES

At last, a brownie that you can make on a day which is too hot to think about food. It has an exceptionally rich chocolate flavor.

Semisweet chocolate chips	**2⅔ cups**	**650 mL**
Evaporated milk	**1 cup**	**250 mL**
Vanilla wafer crumbs	**3 cups**	**750 mL**
Tiny marshmallows	**2 cups**	**500 mL**
Chopped walnuts	**1 cup**	**250 mL**
Icing (confectioner's) sugar	**1 cup**	**250 mL**
Salt	**½ tsp.**	**2 mL**
Chocolate mixture saved from above	**½ cup**	**125 mL**
Evaporated milk	**2 tsp.**	**10 mL**

Put chips and milk in large saucepan. Melt over medium-low heat until chips combine when stirred. Remove from heat. Measure out ½ cup (125 mL) and set aside for final step.

Stir crumbs, marshmallows, nuts, icing sugar and salt into remaining chocolate mixture in saucepan. Press into 9 x 9 - inch (22 x 22 cm) greased pan or line it with wax paper.

To the reserved chocolate mixture stir in 2 tsp. (10 mL) evaporated milk. Spread evenly over brownies. Chill and cut into 36 squares.

Pictured on page 17.

A good time to eat is when you are daydreaming. If you eat without thinking about it, it can't count against you.

SNOW LOG

A cherry-flavored slice. Light in color which makes it a good contrast for a tray of sweets.

Cream cheese, softened	**4 oz.**	**125 g**
Icing (confectioner's) sugar	**1½ cups**	**350 mL**
Vanilla wafer crumbs	**1¼ cups**	**275 mL**
Salt	**¼ tsp.**	**1 mL**
Maraschino cherries, well-drained and chopped	**½ cup**	**125 mL**

Vanilla wafer crumbs for coating

Beat softened cream cheese until smooth. Work in the rest of the ingredients but be sure to blot all the moisture from the cherries with paper towls. You may have to add more icing sugar. You can safely add as much as you can work in. Shape into a log 1½ to 2 inches (4 to 5 cm) in diameter. Roll in crumbs to coat. Store in waxed paper in a plastic bag. Keep in refrigerator. Slice in thin slices to serve.

Pictured on page 17.

BRIDGE PEEL DAINTIES

You can't guess the taste of these by looking at them — you have to try them. Let them stand for a day or two before using if possible.

Cut mixed fruit peel	**2 cups**	**450 mL**
Chopped dates	**1 cup**	**225 mL**
Chopped walnuts	**1 cup**	**225 mL**
Sweetened condensed milk	**10 oz.**	**284 mL**
Small marshmallows	**2 cups**	**450 mL**

Graham cracker crumbs

Combine first 5 ingredients in bowl. Mix until evenly coated. Shape into log.

Roll in graham crumbs. Wrap in waxed paper and store in plastic bag in the refrigerator. Cut in thin slices when needed.

Pictured on page 17.

CHOCOLATE COCONUT LAYER

This makes a good contrast using the light and dark layers. Chocolate really adds to it.

Icing (confectioner's) sugar	**5¼ cups**	**1.2 L**
Coconut	**3¾ cups**	**850 mL**
Vanilla	**¾ tsp.**	**3 mL**
Egg whites, slightly beaten	**3**	**3**
Butter or margarine	**¾ cup**	**175 mL**
Cocoa	**1½ tbsp.**	**25 mL**

Beat together the icing sugar, coconut, vanilla and egg whites until mixed.

Melt the butter and allow to cool before adding to the first mixture. Spread one half of batter into greased 8 x 8 - inch (20 x 20 cm) pan. Smooth as best you can.

To the remaining half of batter add the cocoa. After stirring well, press second half over first half. Chill. Cut into 25 squares.

Pictured on page 17.

RAINBOW PASTEL

Those who love coconut will appreciate these colorful squares. They are simply made and add variety to a tray of goodies.

Sweetened condensed milk	**10 oz.**	**284 mL**
Icing (confectioner's) sugar	**2 cups**	**450 mL**
Fine coconut	**1 lb.**	**450 g**
Red, yellow and green food coloring		

Combine milk, icing sugar and coconut in bowl. Stir to mix. Divide into 3 equal portions. Tint 1 portion a delicate pink, 1 yellow and the other green. Pack in small nut bread tin 1 layer at a time. Start with pink, then yellow, then the green. Refrigerate and cut as needed. Cut in small pieces, this enhances a tray of dainties. Will freeze but be sure you have it wrapped airtight to keep from drying.

Pictured on page 17.

PUFFED WHEAT SQUARES

One of the best child pleasers going.

Butter or margarine	**⅓ cup**	**75 mL**
Corn syrup	**⅓ cup**	**75 mL**
Brown sugar, packed	**½ cup**	**125 mL**
Cocoa	**1½ tbsp.**	**30 mL**
Puffed wheat	**6 cups**	**1.35 L**

Combine butter, syrup, sugar and cocoa in saucepan. Stir and bring to boil over medium heat.

Pour over puffed wheat in a bowl. Stir until all puffed wheat is coated. Press evenly in greased 8 x 8 - inch (20 x 20 cm) pan. Cool. Let stand awhile to set before cutting. Cut into 25 squares.

Pictured on page 123.

JELLIED MARSHMALLOWS

A tricky little number that will bring "How did you do that?" from everyone.

Any flavored gelatin powder	**3 oz.**	**85 g**
Boiling water	**⅔ cup**	**150 mL**
Granulated sugar	**1 cup**	**225 mL**
Light corn syrup	**3 tbsp.**	**45 mL**
Icing (confectioner's) sugar		

Put jelly powder and boiling water into bowl. Stir to dissolve. Add granulated sugar stirring to dissolve. Mix in syrup. Chill until slightly thickened. Beat for 5 minutes or until stiff. Pour into 8 x 8 - inch (20 x 20 cm) pan that has been lined with waxed paper. Chill overnight.

Sift some icing sugar over counter top or bread board. Turn jellied squares over onto icing sugar. Remove wax paper by gently rubbing damp cloth over and letting stand for a few minutes. After all paper is off, dust with icing sugar. As each piece is cut, dust well all over with icing sugar. Cut into 25 squares.

Pictured on page 123.

BUTTERSCOTCH COCONUT SQUARES

This doesn't require baking and is very tasty. For coconut lovers.

Butter or margarine	**¼ cup**	**50 mL**
Butterscotch chips	**½ cup**	**125 mL**
Vanilla	**1 tsp.**	**5 mL**
Egg	**1**	**1**
Salt	**¼ tsp.**	**1 mL**
Coconut	**1 cup**	**225 mL**
Chopped walnuts	**½ cup**	**125 mL**
Graham cracker crumbs	**2 cups**	**450 mL**

Melt butter and chips over low heat, stirring constantly.

Add rest of ingredients. Stir well. Pack into greased 9 x 9 - inch (22 x 22 cm) pan. Frost as below. Cut into 36 squares.

ICING

Butter or margarine, softened	**2 tbsp.**	**30 mL**
Icing (confectioner's) sugar	**1 cup**	**250 mL**
Custard powder	**1 tbsp.**	**15 mL**
Vanilla	**½ tsp.**	**2 mL**
Milk	**4 tsp.**	**20 mL**

Blend all together adding a bit more icing sugar or milk if needed. Spread over bottom layer. Chill well, covered, for several hours in refrigerator.

Variation: Substitute semisweet chocolate chips in place of butterscotch chips.

Pictured on page 17.

CHOCOLATE CONFETTI

Much can be said about this square; so simple to make, children love it, adults love it, it keeps well and freezes for months. Adds color to a tray of goodies as well.

Butter or margarine	**¼ cup**	**50 mL**
Peanut butter	**½ cup**	**125 mL**
Semisweet chocolate chips	**1 cup**	**250 mL**
Bag of miniature colored marshmallows	**8 oz.**	**250 g**

Melt butter with peanut butter in a large saucepan. Stir in chips until melted. Cool so that you can hold your hand on the bottom of the pan. Add marshmallows and stir until all are coated. Pack in 9 x 9 - inch (22 x 22 cm) pan that has been lined with wax paper for easy removal to cut or freeze. Refrigerate. Makes 36 squares.

Variation: To above ingredients add ½ cup (125 mL) chopped walnuts and/or ½ cup (125 mL) medium coconut.

Pictured on page 123.

CHOCOLATE T.V. ROLL

This is a variation of the chocolate roll. It has cocoa instead of chips, and graham cracker crumbs which give a more grainy texture.

Egg, beaten	**1**	**1**
Icing (confectioner's) sugar	**1 cup**	**225 mL**
Graham cracker crumbs	**½ cup**	**125 mL**
Cocoa	**½ cup**	**125 mL**
Butter or margarine, melted	**2 tbsp.**	**30 mL**
Small colored marshmallows	**2½ cups**	**550 mL**
Chopped walnuts	**½ cup**	**125 mL**
Coconut		

Mix first 7 ingredients together in bowl. Press into a roll.

Roll in coconut. Chill. Cut into thin slices.

Pictured on page 17.

TROPICAL TREAT

Coffee flavors these squares which are indeed a treat from the tropics.

Vanilla wafer crumbs	**5 cups**	**1150 mL**
Granulated sugar	**1 cup**	**225 mL**
Butter or margarine	**¾ cup**	**175 mL**
Dry instant coffee powder	**3½ tsp.**	**17 mL**
Milk	**¾ cup**	**175 mL**
Rum (or less rum flavoring)	**4 tsp.**	**20 mL**

Measure crumbs into large bowl. Set aside.

In small saucepan combine sugar, butter, coffee and milk. Heat, stirring until butter is melted. Bring to boil and remove from heat. Stir in rum. Pour over crumbs in bowl and stir until thoroughly moistened. At this point you can add more crumbs if you feel mixture is too soft. Spread in greased 8 x 8 - inch (20 x 20 cm) pan. Chill and frost.

ICING

Icing (confectioner's) sugar	**1¼ cups**	**300 mL**
Butter or margarine	**2 tbsp.**	**30 mL**
Prepared coffee	**4 tsp.**	**20 mL**

Beat together well, adjusting liquid as needed to make a spreadable icing. Spread over bars. Allow to set before cutting into 25 squares.

Pictured on page 17.

Eating children's leftover food doesn't count. That is being thrifty.

CHERRY WONDER

Aptly named since so many cannot decide what it is that gives that flavor!

Whole graham crackers

Butter or margarine, softened	**½ cup**	**125 mL**
Icing (confectioner's) sugar	**1 cup**	**225 mL**
Egg yolk	**1**	**1**
Banana, mashed	**½ cup**	**125 mL**
Maraschino cherries, cut up	**½ cup**	**125 mL**
Chopped walnuts	**½ cup**	**125 mL**
Shredded or medium coconut	**1 cup**	**250 mL**

Line bottom of 9 x 9 - inch (22 x 22 cm) ungreased pan with whole graham crackers trimmed to fit.

Cream butter, sugar and egg yolk. Add banana, cherries, walnuts and coconut. Be sure to drain the cherries well before cutting. This won't get much firmer when chilled so now is the time to add more icing sugar to firm it up. Spread over wafer crust. Chill. Ice with vanilla butter frosting and sprinkle top with very finely chopped walnuts. Store in refrigerator.

ICING

Butter or margarine, softened	**3 tbsp.**	**50 mL**
Icing (confectioner's) sugar	**2 cups**	**500 mL**
Vanilla	**½ tsp.**	**3 mL**
Water or milk	**4 tsp.**	**20 mL**
Walnuts, finely chopped	**1-2 tbsp.**	**15-30 mL**

Beat butter, icing sugar, vanilla and water together well, adding liquid as needed to reach proper thickness. Spread over well-chilled bars. Sprinkle with very finely chopped nuts. Cut into 36 squares.

Pictured on page 17.

CHOCOLATE CAROUSELS

This has a peanut butter flavor and looks nice and fruity. While it is usually iced, it is a pretty square without any icing. No baking is required.

Peanut butter	**2 cups**	**500 mL**
Icing (confectioner's) sugar	**2 cups**	**500 mL**
Butter or margarine	**2 tbsp.**	**30 mL**
Salt	**1/8 tsp.**	**0.5 mL**
Dates, chopped	**1 cup**	**250 mL**
Maraschino cherries, drained and cut	**1 cup**	**250 mL**
Chopped pecans or walnuts	**1 cup**	**250 mL**

Combine peanut butter, icing sugar, butter and salt in large bowl. Cream together well.

Add dates, cherries and nuts. Stir until mixed. Press into 8 x 8 inch (20 x 20 cm) pan that has been lined with waxed paper. Cover with icing that follows.

ICING

Squares of semisweet chocolate	**4**	**4**
Peanut butter	**2 tbsp.**	**30 mL**

Melt together slowly in heavy saucepan over low heat. Frost the carousels. Refrigerate. These freeze well and also keep for a lengthy spell in the refrigerator. Cut into 25 squares.

Pictured on page 17.

Be sure to fill up your plate to overflowing. Then if you do like it is said, namely leave a bit of food, you will already have had your share.

CHOCOLATE PEANUT COOKIES

What an aroma! So chocolaty.

Semisweet chocolate chips	**1½ cups**	**350 mL**
Peanut butter	**¾ cup**	**175 mL**
Dates, chopped	**1⅓ cups**	**300 mL**
Bran flakes (cereal)	**3 cups**	**700 mL**
Coconut to sprinkle		

Put chips and peanut butter in saucepan and stir and melt over low heat. Remove from heat.

Add dates and bran flakes. Stir until well coated. Press in 9 x 9 - inch (22 x 22 cm) pan that has been lined with waxed paper.

Sprinkle with coconut. Chill thoroughly before cutting. Cut into 36 squares.

Pictured on page 17.

T.V. ROLL

Try a different color marshmallow roll.

Egg, beaten	**1**	**1**
Brown sugar, packed	**1 cup**	**225 mL**
Graham cracker crumbs	**½ cup**	**125 mL**
Butter or margarine, melted	**2 tbsp.**	**30 mL**
Tiny colored marshmallows	**2 cups**	**450 mL**
Chopped walnuts	**½ cup**	**125 mL**
Colored shredded coconut		

Mix first 6 ingredients in order given. Squish and mix by hand. Work between wax paper or dip hands in cold water as you work to mix and shape into log.

Roll the shaped log in coconut which you have spread over the table in working area. Wrap in waxed paper, folding in ends to hold shape. Freezes well. Slice in thin slices as needed.

Pictured on page 17.

BUTTERSCOTCH CONFETTI

This freezes so well for so long, there is no excuse not to have it on hand; that is, of course, if you keep it hidden.

Butter or margarine	**¼ cup**	**50 mL**
Peanut butter	**½ cup**	**125 mL**
Butterscotch chips	**1 cup**	**250 mL**
Small colored marshmallows (bag)	**8 oz.**	**250 g**

Melt butter and peanut butter in a large saucepan over low heat. Stir in chips until melted. Cool until you can hold your hand on bottom of pot. To speed process, stir while holding pan in cold water until cool enough. Add marshmallows and stir until all are coated. Pack down in 9 x 9 - inch (22 x 22 cm) pan that has been lined with wax paper. Refrigerate. 36 squares.

Variation: To above ingredients add ½ cup (125 mL) chopped walnuts and/or ½ cup (125 mL) medium coconut.

Pictured on page 17.

CHOCOLATE CHERRY CREAMS

Like a candy, creamy and mouth watering.

Semisweet chocolate chips	**1 cup**	**250 mL**
Evaporated milk	**½ cup**	**125 mL**
Icing (confectioner's) sugar	**2½ cups**	**625 mL**
Chopped walnuts	**½ cup**	**125 mL**
Maraschino cherries, cut up and well-drained	**⅓ cup**	**75 mL**
Coconut		

Melt chips and milk together in saucepan over low heat. Remove from heat.

Stir in sugar, nuts and cherries. If quite soft you can usually work in 2 or 3 more spoonfuls of icing sugar. Chill for at least 1 hour.

Shape into logs about 1½ or 2 inches (4 or 5 cm) in diameter. Roll in coconut. Chill several hours before slicing into thin slices with a sharp knife.

Pictured on page 17.

CHOW MEIN NOODLES

You have had this as a drop cookie no doubt. It is less time-consuming to put in a pan to be cut. No baking required.

Semisweet chocolate chips	**1 cup**	**250 mL**
Butterscotch chips	**1 cup**	**250 mL**
Can of chow mein noodles	**4 oz.**	**113 g**
Chopped walnuts	**1 cup**	**250 mL**
Flaked coconut	**1 cup**	**250 mL**

Put both kinds of chips in saucepan over low heat to melt.

Mix noodles, nuts and coconut in large bowl. Pour melted chips over and mix well. Spoon into wax paper lined 8 x 8 - inch (20 x 20 cm) pan. Chill to harden before cutting. These should be stored in the refrigerator as they tend to become too soft and sticky at room temperature. Handy to have in the freezer for kids' lunches, when somehow everything in sight has already been eaten. Cut into 25 squares.

Pictured on page 17.

1. Apricot Zings page 86
2. Chocolate Walnut Slice page 84
3. Caramel Slice page 65
4. Chocolate Cherry Slice page 64
5. Nutty Spice Slice page 58
6. Scotch Shortbread page 56
   & Ginger Shortbread page 49
7. Fruit Marmalade Squares page 55
8. Lemon Crunch page 60
9. Lemon Slice page 48
10. Hermit Slice page 47
11. Nutted Gumdrops page 46
12. Mincemeat Squares page 75
13. Hermit Slice page 47
14. Almond Bars page 147
15. Matrimonial Squares page 50
16. Poppy Seed Squares page 146
17. Peanut Butter Chip Squares page 142
18. Festive Fruit Cake page 67
19. Fruity Fruit Slice page 62
20. Cranberry Oat Squares page 56
21. Black Bottom Slice page 51
22. Chocolate Nut Shortcake page 57
23. Caribbean Bars page 63
24. Nutty Bars page 52
25. Pineapple Bars page 59
26. Chocolate Date Nut Squares page 88
27. Molasses Bars page 91

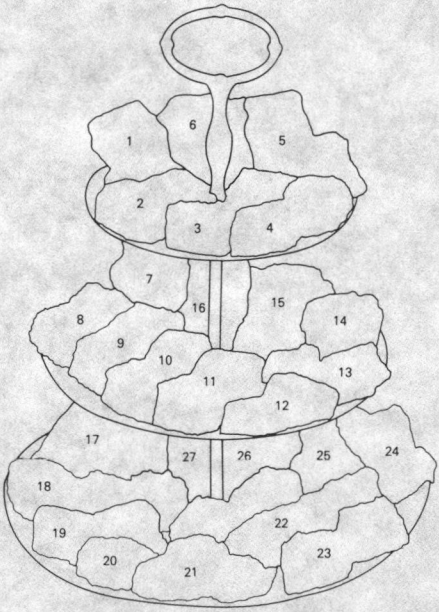

Not a sweet bar. Tastes better than it looks.

Graham cracker cookies (about ½ box)	**8 oz.**	**250 g**
Tiny marshmallows	**2½ cups**	**600 mL**
Granulated sugar	**½ cup**	**125 mL**
Butter or margarine	**½ cup**	**125 mL**
Egg, beaten	**1**	**1**

Break (be sure not to roll) graham crackers into pieces as you put them into large bowl. Add marshmallows. Set aside.

In top of double boiler or in a heavy saucepan, mix sugar, butter and egg. Cook and stir until syrupy. Pour over dry ingredients in bowl. Stir to coat evenly. Press into greased 8 x 8 - inch (20 x 20 cm) pan. Cut into 25 squares. Glaze them if you want to cover up the rough appearance of the top.

GLAZE

Icing (confectioner's) sugar	**1 cup**	**250 mL**
Vanilla	**½ tsp.**	**2 mL**
Milk	**1 tbsp.**	**15 mL**

Mix together well in small bowl, adding enough milk so mixture will barely pour from spoon. Drizzle over top of bars.

Pictured on page 17.

Keep talking while eating. The stomach doesn't know what is going on when the throat is so busy doing its own thing.

MARSHMALLOW ROLL

This is such a neat-looking sweet on any plate.

Squares of unsweetened chocolate	**2**	**2**
Sweetened condensed milk	**10 oz.**	**284 mL**
Graham cracker crumbs	**2 cups**	**450 mL**
Walnuts, finely chopped	**½ cup**	**125 mL**
Large colored marshmallows		
Coconut		

Melt chocolate in large saucepan over low heat or over hot water. Remove from heat.

Stir in milk, crumbs and nuts. Divide into 2 portions. On piece of wax paper press out 1 portion ¼-inch (½ cm) thick. Form into wide enough shape to go around marshmallow. Place various colors of marshmallows end to end and bring up batter to go around, pinching dough to join.

Coat with coconut. Repeat for other half. Wrap in wax paper. Store in plastic wrap in refrigerator. Cut with knife dipped in hot water. Clean knife between cuts. Slice thinly to serve.

Pictured on page 17.

KRISPY KRUNCH BARS

Little kids don't like these one bit better than big kids!

Peanut butter	**2 cups**	**500 mL**
Icing (confectioner's) sugar	**2½ cups**	**625 mL**
Crisp rice cereal	**2½ cups**	**625 mL**
Butter or margarine, melted	**¼ cup**	**60 mL**
Chopped walnuts (optional)	**½ cup**	**125 mL**

Mix all ingredients in bowl. Press into 9 x 9 - inch (22 x 22 cm) pan that has been lined with waxed paper. Cover with icing to complete.

(continued on next page)

ICING

Semisweet chocolate chips	**⅔ cup**	**150 mL**
Butter or margarine	**1 tbsp.**	**15 mL**

Melt together over low heat. Spread over bars. Chill. Cut into 36 squares.

Pictured on page 17.

PINEAPPLE LOG

A pretty little roll to have on hand. It keeps for ages in the freezer.

Cream cheese	**4 oz.**	**125 g**
Icing (confectioner's) sugar	**2½ cups**	**575 mL**
Vanilla wafer crumbs	**1 cup**	**250 mL**
Salt	**¼ tsp.**	**1 mL**
Crushed pineapple, drained	**½ cup**	**125 mL**
Tiny colored marshmallows cut in quarters (use scissors)	**½ cup**	**125 mL**
Colored shredded coconut		

Beat cheese until smooth. Add sugar, crumbs, salt and pineapple. After mixing together well, if this seems very soft, work more crumbs or icing sugar into the batter keeping in mind that it won't get much firmer when chilled. The amount extra that you will need depends on how well you drained the pineapple.

Now mix in the marshmallows. Shape into log and roll in shredded coconut. Chill. Slice to serve.

Pictured on page 17.

NANAIMO BARS

A special occasion brings this to mind. You can make it the day before or even have it in the freezer.

BOTTOM LAYER

Butter or margarine	**½ cup**	**125 mL**
Granulated sugar	**¼ cup**	**50 mL**
Cocoa	**5 tbsp.**	**75 mL**
Egg, beaten	**1**	**1**
Graham cracker crumbs	**1¾ cups**	**400 mL**
Fine coconut (or medium)	**¾ cup**	**175 mL**
Walnuts, finely chopped	**½ cup**	**125 mL**

SECOND LAYER

Butter or margarine	**½ cup**	**125 mL**
Milk	**3 tbsp.**	**50 mL**
Vanilla custard powder	**2 tbsp.**	**30 mL**
Icing (confectioner's) sugar	**2 cups**	**500 mL**

THIRD LAYER

Semisweet chocolate chips (or 4 squares semisweet chocolate)	**⅔ cup**	**150 mL**
Butter or margarine	**2 tbsp.**	**30 mL**

Bottom Layer: Melt first 3 ingredients in top of double boiler or in heavy saucepan. Add beaten egg and stir to cook and thicken. Remove from heat. Stir in crumbs, coconut and nuts. Press firmly into ungreased 9 x 9 - inch (22 x 22 cm) pan.

Second Layer: Cream butter, milk, custard powder and icing sugar together well. Beat until light. Spread over bottom layer.

Third Layer: Melt chips and butter over low heat. Cool. When cool but still runny, spread over second layer. Chill in refrigerator. Use a sharp knife to cut. 36 squares.

Pictured on page 17.

PEANUT KRISPIE SQUARES

The frosting adds quite a bit of richness to this cereal cookie. It tastes as good as it looks.

Peanut butter	**½ cup**	**125 mL**
Corn syrup	**½ cup**	**125 mL**
Brown sugar, packed	**½ cup**	**125 mL**
Butter or margarine	**4 tsp.**	**20 mL**
Crisp rice cereal	**2 cups**	**500 mL**
Peanuts	**1 cup**	**250 mL**

Heat the peanut butter, corn syrup, sugar and butter in a saucepan over low heat. Stir as you heat it.

Combine rice cereal and peanuts in bowl. Pour hot mixture over top. Stir well to coat evenly. Press in greased 8 x 8 - inch (20 x 20 cm) pan. Frost. Cut in 25 squares.

ICING

Butter or margarine	**½ cup**	**125 mL**
Cocoa	**⅓ cup**	**75 mL**
Granulated sugar	**½ cup**	**125 mL**

Combine all 3 ingredients in small saucepan. Heat and stir until melted and dissolved. Chill until spreading consistency. Spread over above bars. Chill until needed. Use a sharp knife to cut.

Pictured on page 53.

CHOCOLATE OH HENRY SQUARES

You will find this top-of-the-stove square both fast and scrumptious. Keeps well and freezes better uniced.

Whole graham crackers

Butter or margarine	**¾ cup**	**175 mL**
Brown sugar, packed	**⅔ cup**	**150 mL**
Milk	**½ cup**	**125 mL**
Semisweet chocolate chips	**⅓ cup**	**75 mL**
Graham cracker crumbs	**1¼ cups**	**300 mL**
Chopped walnuts	**1 cup**	**250 mL**

Whole graham crackers

Line a 9 x 9 - inch (22 x 22 cm) pan with whole crackers, trimming to fit. Set aside.

Put butter, sugar and milk in saucepan. Bring to boil. Remove from heat and stir in chocolate chips. When chips have melted add the crumbs and nuts. Stir to mix. Pour over crackers in pan.

Cover with whole graham crackers trimming to fit. Cool before frosting.

ICING

Icing (confectioner's) sugar	**1¼ cups**	**300 mL**
Butter or margarine	**3 tbsp.**	**50 mL**
Cocoa	**¼ cup**	**50 mL**
Hot coffee	**5 tsp.**	**25 mL**

Beat all together in small bowl adjusting liquid as needed. Spread over squares. Cover and allow to stand a few hours before cutting so the crackers will soften. Cut into 36 squares.

Pictured on page 123.

FESTIVE FRUIT

This must be made two or three days before you attempt to cut it. Then you will consider it a real fruit cake.

Evaporated milk	**⅔ cup**	**150 mL**
Small marshmallows	**2 cups**	**500 mL**
Concentrated orange juice	**6 tbsp.**	**100 mL**
Dates, cut up	**¾ cup**	**175 mL**
Raisins	**¾ cup**	**175 mL**
Chopped walnuts	**1 cup**	**225 mL**
Mixed candied fruit	**1 cup**	**225 mL**
Candied cherries, cut up	**¼ cup**	**50 mL**
Graham cracker crumbs	**4 cups**	**900 mL**
Cinnamon	**1 tsp.**	**5 mL**
Nutmeg	**1 tsp.**	**5 mL**
Cloves	**½ tsp.**	**2 mL**

Combine milk, marshmallows and orange juice in saucepan over medium heat. Stir until marshmallows are melted. Remove from heat.

Put dates, raisins, nuts, fruit and cherries into large bowl. Pour melted mixture over and stir. Add crumbs and spices. Mix well. Press into waxed paper lined 9 x 9 - inch (22 x 22 cm) pan. Cover tightly. Chill 2 or 3 days. Frost.

ICING

Icing (confectioner's) sugar	**1½ cups**	**350 mL**
Butter or margarine	**3 tbsp.**	**50 mL**
Vanilla	**½ tsp.**	**2 mL**
Water or milk	**5 tsp.**	**25 mL**

Beat all together in small bowl adjusting liquid as needed. Spread over fruit squares on day you intend to use them. Chill. Cut into 36 squares.

Pictured on page 17.

OH HENRY BARS

A really scrumptious square. No need to use the oven. If you happen to be a little short of nuts, coconut or cherries, you can vary the quantities without anyone knowing it wasn't meant to be that way.

Whole graham crackers

Brown sugar, packed	**1 cup**	**250 mL**
Butter or margarine	**½ cup**	**125 mL**
Milk	**½ cup**	**125 mL**
Graham cracker crumbs	**1⅓ cups**	**325 mL**
Chopped walnuts	**1 cup**	**250 mL**
Shredded or medium coconut	**1 cup**	**250 mL**
Maraschino cherries, cut and well-drained	**¼ cup**	**50 mL**

Line 9 x 9 - inch (22 x 22 cm) pan with whole crackers trimming to fit. Set aside.

In saucepan combine sugar, butter and milk. Bring to boil. Simmer for 2 minutes. Remove from heat.

Add cracker crumbs, nuts, coconut and cherries stirring to mix. Pour over crackers in pan. Cool. Frost and let stand overnight.

ICING

Icing (confectioner's) sugar	**1½ cups**	**350 mL**
Butter or margarine	**3 tbsp.**	**50 mL**
Milk	**5 tsp.**	**25 mL**
Vanilla	**½ tsp.**	**3 mL**
Red food coloring		

Beat all together in small bowl adjusting liquid if required, and adding enough color to tint a pretty pink. Ice bars and allow to stand for several hours. Cut into 36 squares.

Pictured on page 17.

MILLIONAIRE SQUARES

Millionaire means rich and that is exactly what these squares are.

BOTTOM LAYER		
Oatmeal cookies, crushed (Dads or similar)	**2 cups**	**500 mL**
Melted butter or margarine	**½ cup**	**125 mL**
FILLING		
Semisweet chocolate squares (or ½ cup, 125 mL, chips)	**3**	**3**
Butter or margarine	**½ cup**	**125 mL**
Egg	**1**	**1**
Icing (confectioner's) sugar	**2 cups**	**450 mL**
Chopped walnuts (optional — good without too)	**½ cup**	**125 mL**
Reserved crumbs for topping		

Bottom Layer: Combine crushed or ground crumbs with melted butter. Measure ¼ cup (50 mL) crumbs and set aside for topping. Press remaining crumbs in ungreased 8 x 8 - inch (20 x 20 cm) pan. Bake in 350°F (180°C) oven for 5 minutes. Cool. This baking step can be omitted if you make crust ahead and allow it to stand a few hours to harden and dry.

Filling: Melt chocolate and butter over low heat. Remove from heat. Add egg and beat. Add icing sugar beating until smooth. If too soft to hold shape, add ¼ cup (50 mL) more icing sugar. This will set up a bit when chilled but not much more than when you spread it in the pan. When the crust is baked, you will find that the filling is much easier to spread without the crumbs lifting to follow your spoon. After filling is smoothed over the crust, sprinkle with reserved crumbs. Refrigerate. Cut into 36 small squares or 25 larger.

Pictured on page 17.

NUTTED GUMDROPS

It is usually a surprise to find out that the fruit is candy. A nice light square.

Evaporated milk	**¾ cup**	**175 mL**
Gumdrops (no black), finely chopped	**1 cup**	**250 mL**
Butter or margarine	**½ cup**	**125 mL**
Granulated sugar	**½ cup**	**125 mL**
Egg	**1**	**1**
Vanilla	**1 tsp.**	**5 mL**
All-purpose flour	**1 cup**	**250 mL**
Baking powder	**1 tsp.**	**5 mL**
Salt	**½ tsp.**	**2 mL**
Chopped walnuts	**½ cup**	**125 mL**

In small bowl combine milk with gumdrops. Let stand.

In another bowl beat together butter, sugar, egg and vanilla. Add milk mixture. Stir.

Measure in flour, baking powder, salt and nuts. Stir well. Spread in greased 9 x 9 - inch (22 x 22 cm) pan. Bake in 350°F (180°C) oven for 25 to 30 minutes. Frost before too cool. Cut into 36 squares.

ICING

Icing (confectioner's) sugar	**1½ cups**	**350 mL**
Butter or margarine	**2 tbsp.**	**30 mL**
Evaporated milk	**5 tsp.**	**25 mL**
Vanilla	**½ tsp.**	**3 mL**

Beat all together until smooth. Spread over lukewarm squares. Cut when set.

Pictured on page 35.

HERMIT SLICE

Just like your favorite cookie. Not too rich and not too sweet.

Butter or margarine	**¼ cup**	**50 mL**
Granulated sugar	**¼ cup**	**50 mL**
Molasses	**¼ cup**	**50 mL**
Egg	**1**	**1**
Raisins	**½ cup**	**125 mL**
Chopped walnuts	**¼ cup**	**50 mL**
All-purpose flour	**1 cup**	**225 mL**
Salt	**¼ tsp.**	**1 mL**
Baking soda	**⅛ tsp.**	**0.5 mL**
Baking powder	**1 tsp.**	**5 mL**
Cinnamon	**½ tsp.**	**2 mL**
Cloves	**¼ tsp.**	**1 mL**
Mace	**⅛ tsp.**	**0.5 mL**
Nutmeg	**⅛ tsp.**	**0.5 mL**
Allspice	**⅛ tsp.**	**0.5 mL**

In large bowl, beat together butter, sugar, molasses and egg. Add raisins and nuts. Stir to mix.

Measure in flour, salt, baking powder and spices. Stir well. Spread in greased 8 x 8 - inch (20 x 20 cm) pan. Bake in 350°F (180°C) oven for 25 minutes until set. If you want to frost, you will find the recipe below goes well with this. Makes 25 squares.

ICING

Butter or margarine	**3 tbsp.**	**50 mL**
Brown sugar, packed	**⅓ cup**	**75 mL**
Milk	**2 tbsp.**	**30 mL**
Icing (confectioner's) sugar	**1 cup**	**250 mL**

Combine butter, brown sugar and milk in saucepan. Bring to boil and simmer 2 minutes. Allow to cool until you can hold your hand on bottom of pan. Add icing sugar and stir well. If too firm to spread add a few drops of milk. If too runny add a bit more icing sugar. Spread over squares.

Pictured on page 35.

LEMON SLICE

Very showy with a light textured chiffon topping.

Graham cracker crumbs	**1 cup**	**250 mL**
Butter or margarine	**½ cup**	**125 mL**
Granulated sugar	**½ cup**	**125 mL**
Granulated sugar	**¾ cup**	**175 mL**
All-purpose flour	**⅓ cup**	**75 mL**
Water	**1 tbsp.**	**15 mL**
Egg yolks	**3**	**3**
Lemon, juice and rind	**1**	**1**
Egg whites	**3**	**3**
Handful of graham cracker crumbs	**1**	**1**

First Layer: Crumble first 3 ingredients together until mealy and press into ungreased 9 x 9 - inch (22 x 22 cm) pan. Bake for 10 minutes in 350°F (180°C) oven.

Second Layer: In double boiler combine second amount of sugar, flour, water, egg yolks, lemon juice and grated rind. Cook and stir over boiling water until thickened. If using heavy pan instead, be sure to stir continually.

Beat egg whites until stiff and fold into hot thickened mixture. Spread over cookie base.

Sprinkle with crumbs. Bake in 350°F (180°C) oven for 3 minutes or until set. Cut into 36 squares.

Pictured on page 35.

GINGER SHORTBREAD

One of the first stories I can remember from a young grade was of Pung Gee in a ginger factory and how he hated ginger. Oh well!

Butter — not margarine	**1 cup**	**250 mL**
Icing (confectioner's) sugar	**½ cup**	**125 mL**
All-purpose flour	**2 cups**	**500 mL**
Chopped candied ginger	**¼-½ cup**	**50-125 mL**
Powdered ginger (if desired for stronger ginger flavor)	**1 tsp.**	**5 mL**

Measure all ingredients in bowl except chopped ginger. Cut butter into flour and sugar, ending up mixing with your hands as for pie crust. When mixture will hold together, work in ginger. Press in ungreased 9 x 9 - inch (22 x 22 cm) pan about ½ inch (1 cm) thick. Prick with fork through to the bottom of batter. Bake in 300°F (150°C) oven for 50 to 60 minutes until a delicate golden color. Cut while warm into 36 squares.

Pictured on page 35.

BANANA OAT SQUARES

Very rich looking for a healthy bar.

Butter or margarine	**6 tbsp.**	**100 mL**
Brown sugar, packed	**½ cup**	**125 mL**
Egg	**1**	**1**
Salt	**¼ tsp.**	**1 mL**
Bananas (about 3), mashed	**¾ cup**	**175 mL**
Quick-cooking rolled oats	**2 cups**	**450 mL**
Chopped walnuts	**⅓ cup**	**75 mL**

Cream butter and sugar. Add egg and beat well. Add salt and mashed banana. Beat. Add oats and nuts. Stir. Spread in greased 8 x 8 - inch (20 x 20 cm) pan. Bake in 350°F (180°C) oven for almost an hour until firm. Cool and cut into squares. Makes 25.

Pictured on page 53.

MATRIMONIAL SQUARES

Favorite date squares that are not nearly as messy to eat as some others. These crumbs hold together well.

CRUMB LAYERS

All-purpose flour	**1¼ cups**	**300 mL**
Rolled oats	**1½ cups**	**375 mL**
Brown sugar, packed	**1 cup**	**250 mL**
Baking soda	**1 tsp.**	**5 mL**
Salt	**½ tsp.**	**2 mL**
Butter or margarine	**1 cup**	**250 mL**

FILLING

Dates, cut up	**½ lb.**	**250 g**
Granulated sugar	**½ cup**	**125 mL**
Water	**⅔ cup**	**150 mL**

Crumb Layers: Measure flour, oats, sugar, soda, salt and butter into large bowl. Cut butter into the ingredients until crumbly. Press a large ½ — almost ⅔ — into greased 9 x 9 - inch (22 x 22 cm) pan.

Filling: In saucepan combine dates, sugar and water. Bring to boil and allow to simmer until mushy. If mixture becomes too dry before dates have softened enough, add more water. If you find you have too much water, don't worry. Just keep simmering until some has been boiled away. Spread over bottom layer of crumbs. Sprinkle remaining crumbs over top. Press down with your hand. Bake in 350°F (180°C) oven for 30 minutes until a rich golden brown color. If you are in a great hurry and your butter is hard as a rock, you can still make this using melted butter. It will be more difficult to spread the top crumbs. Cut into 36 squares.

Pictured on page 35.

BLACK BOTTOM SLICE

The cocoa in the bottom layer makes a chocolate change from the usual.

Butter or margarine	**½ cup**	**125 mL**
Cocoa	**¼ cup**	**50 mL**
Granulated sugar	**¼ cup**	**50 mL**
All-purpose flour	**1 cup**	**250 mL**
Eggs	**2**	**2**
Brown sugar, packed	**1¼ cups**	**300 mL**
All-purpose flour	**1 tsp.**	**5 mL**
Baking powder	**1 tsp.**	**5 mL**
Vanilla	**1 tsp.**	**5 mL**
Coconut	**1 cup**	**225 mL**
Chopped walnuts	**¾ cup**	**175 mL**

Bottom Layer: Crumble all together and press into 9 x 9 - inch (22 x 22 cm) ungreased pan. Bake in 350°F (180°C) oven for 15 minutes.

Filling: Beat eggs until frothy. Add sugar, second amount of flour, baking powder, vanilla, coconut and nuts. Stir to combine. Spread over bottom layer. Bake in 350°F (180°C) oven for 30 minutes. When cool, frost with chocolate butter icing.

ICING

Icing (confectioner's) sugar	**1¼ cups**	**300 mL**
Cocoa	**¼ cup**	**50 mL**
Butter or margarine	**3 tbsp.**	**50 mL**
Hot coffee	**5 tsp.**	**25 mL**

Measure all together in small bowl. Beat well. Add more liquid or icing sugar as needed for easy spreading. Spread over cooled bars. Makes 36.

Pictured on page 35.

NUTTY BARS

These squares are not as sweet as most and are the nuttiest you could wish for.

Egg	**1**	**1**
Brown sugar, packed	**1 cup**	**225 mL**
Vanilla	**1 tsp.**	**5 mL**
All-purpose flour	**½ cup**	**125 mL**
Salt	**¼ tsp.**	**1 mL**
Baking soda	**¼ tsp.**	**1 mL**
Chopped walnuts	**1 cup**	**225 mL**

Beat egg slightly in bowl. Add sugar and vanilla. Stir. Mix in flour, salt, soda and nuts. Spread in greased 8 x 8 - inch (20 x 20 cm) pan. Bake in 350°F (180°C) oven for about 20 minutes. Cut into 25 squares.

Pictured on page 35.

1. Raspberry Meringue page 140
2. Potato Chip Bars page 104
3. Pineapple Filled Bars page 102
4. Chocolate Fruit Squares page 97
5. Merry Fruit Bars page 95
6. Cheese Apple Squares page 76
7. Fruit Cocktail Bars page 81
8. Banana Bars page 66
9. Quick Hurry Bars page 79
10. Banana Oat Squares page 49
11. Peanut Krispie Squares page 41
12. Apple Squares page 70
13. Cherry Almond Squares page 79
14. Graham Wafer Chew page 87
15. Butterscotch Brownies page 61
16. Pineapple Brownies page 69
17. Tweed Squares page 98
18. Raspberry Bars page 92
19. Cherry Squares page 90
20. Prune Chips page 96
21. Marmalade Bars page 100
22. Cream Cheese Brownies page 80
23. Neapolitan Squares page 83
24. Coconut Graham Cake page 85
25. Date Pecan Bars page 93
26. Gumdrop Bars page 78
27. Chocolate Orange Drops page 94

FRUIT MARMALADE SQUARES

This is a glistening, fruity bar. Watch that you don't overcook it or it will be too chewy.

Butter or margarine	**½ cup**	**125 mL**
Granulated sugar	**¼ cup**	**50 mL**
Egg yolk	**1**	**1**
All-purpose flour	**1¼ cups**	**300 mL**
Egg, beaten	**1**	**1**
Marmalade	**¼ cup**	**50 mL**
Milk	**2 tbsp.**	**30 mL**
Granulated sugar	**¼ cup**	**50 mL**
Dates, chopped	**¾ cup**	**175 mL**
Raisins	**¾ cup**	**175 mL**
Chopped walnuts	**½ cup**	**125 mL**
Red and green cherries		

Bottom Layer: Crumble first 4 ingredients together well. Press in ungreased 9 x 9 - inch (22 x 22 cm) pan. Bake in 350°F (180°C) oven for 15 minutes.

Top Layer: In large bowl beat egg until frothy. Beat in marmalade and milk. Stir in second amount of sugar, dates, raisins and nuts. Spread over bottom layer. Bake in 350°F (180°C) oven for 25 minutes until set.

Decorate with cut cherries when squares are just out of the oven. Cool. Store airtight. Cut into 36 squares.

Pictured on page 35.

Going to visit another country? Better eat everything now you can get your hands on. How do you know that you will like their food?

SCOTCH SHORTBREAD

One of the many recipes for shortbread that always turns out.

Butter (do not use margarine)	**1 cup**	**250 mL**
Icing (confectioner's) sugar (or granulated)	**½ cup**	**125 mL**
All-purpose flour	**2 cups**	**500 mL**

Combine all ingredients in large bowl. Work with pastry cutter and cut in butter until mixture is mealy. With your hands, mix until you get a lump like pie pastry. Press flat in ungreased 9 x 9 - inch (22 x 22 cm) pan about ½ inch (1 cm) thick. Prick all over with fork through to the bottom. Bake in 300°F (150°C) oven for 50 to 60 minutes until set and a very pale gold. Cut while warm into 36 squares.

Pictured on page 35.

CRANBERRY OAT SQUARES

After you have served turkey or chicken and you find that you have too much cranberry on hand, try this. Good served hot with ice cream.

Rolled oats	**1½ cups**	**350 mL**
All-purpose flour	**1½ cups**	**350 mL**
Brown sugar, packed	**1 cup**	**225 mL**
Butter or margarine	**¾ cup**	**175 mL**
Baking soda	**¼ tsp.**	**1 mL**
Whole cranberry sauce	**14 oz.**	**398 mL**

Measure oats, flour, sugar, margarine and soda into bowl. Mix together until crumbly. Pack large half into greased 9 x 9 - inch (22 x 22 cm) pan.

Spread cranberry sauce over top. Sprinkle with remaining crumb mixture. Press down with your hand. Bake in 350°F (180°C) oven for 35 to 40 minutes until a rich golden brown. Makes 36.

Pictured on page 35.

CHOCOLATE NUT SHORTCAKE

New Zealand deserves the credit for this version of a combination of several flavors.

Butter or margarine	**½ cup**	**125 mL**
Brown sugar, packed	**½ cup**	**125 mL**
All-purpose flour	**1½ cups**	**375 mL**
Baking powder	**1 tsp.**	**5 mL**
Egg yolks	**2**	**2**
Apricot jam	**1 cup**	**250 mL**
Semisweet chocolate chips	**½ cup**	**125 mL**
Salted peanuts	**¾ cup**	**175 mL**
Granulated sugar	**¾ cup**	**175 mL**
Egg whites	**2**	**2**

Bottom Layer: Measure all 5 ingredients into bowl. Cut in butter until mixture is mealy and crumbly in texture. Press in 9 x 9 - inch (22 x 22 cm) ungreased pan.

Filling: Spread jam over bottom layer. Start with putting a dab here and there so it will be easier to spread without too many crumbs moving around.

Top Layer: In medium-sized saucepan combine chips, peanuts, sugar and egg whites. Stir over medium heat as you bring it to a boil. Pour over jam layer. Bake in 350°F (180°C) oven for 30 to 35 minutes until well set. Cut hot for best results. Cut into 36 squares.

Pictured on page 35.

NUTTY SPICE SLICE

A good keeper with a mild spicy taste. Freeze before icing or ice and eat fresh.

Raisins	**½ cup**	**125 mL**
Walnuts	**½ cup**	**125 mL**
Baking soda	**½ tsp.**	**3 mL**
Boiling water	**½ cup**	**125 mL**
Butter or margarine	**½ cup**	**125 mL**
Brown sugar, packed	**1 cup**	**250 mL**
Egg	**1**	**1**
Vanilla	**½ tsp.**	**2 mL**
All-purpose flour	**1½ cups**	**375 mL**
Cinnamon	**½ tsp.**	**3 mL**
Nutmeg	**½ tsp.**	**3 mL**
Baking powder	**¼ tsp.**	**2 mL**

Put raisins and nuts through food chopper. Add soda. Pour on boiling water and stir. Set aside.

Beat butter, sugar, egg and vanilla together well in bowl. Add raisin mixture and stir well. Measure in flour, cinnamon, nutmeg and baking powder. Stir to combine. Pour into greased 9 x 9 - inch (22 x 22 cm) pan. Bake in 350°F (180°C) oven for 40 to 45 minutes or until an inserted toothpick comes out clean and dry. Sift icing sugar over when cool or frost with icing below. Cut into 36 squares.

ICING

Icing (confectioner's) sugar	**1½ cups**	**375 mL**
Butter or margarine	**3 tbsp.**	**50 mL**
Strong prepared coffee	**5 tsp.**	**25 mL**

Beat all together in small bowl adding more icing sugar or liquid if needed for spreading. Spread over squares and allow to set.

Pictured on page 35.

PINEAPPLE BARS

Add this to the Pineapple Slice for your Hawaiian party.

Butter or margarine	**½ cup**	**125 mL**
Granulated sugar	**¼ cup**	**50 mL**
All-purpose flour	**1¼ cups**	**300 mL**
Eggs	**2**	**2**
Brown sugar, packed	**1 cup**	**225 mL**
Crushed pineapple, drained (save juice for icing)	**1 cup**	**225 mL**
Almond extract	**½ tsp.**	**2 mL**
Baking powder	**½ tsp.**	**2 mL**
Salt	**¼ tsp.**	**1 mL**
All-purpose flour	**2 tbsp.**	**30 mL**
Chopped walnuts	**½ cup**	**125 mL**

Bottom Layer: Combine butter, sugar and flour in bowl. Crumble together well. Pack in 9 x 9 - inch (22 x 22 cm) ungreased pan. Bake in 350°F (180°C) oven for 15 minutes.

Top Layer: Beat eggs slightly. Add remaining ingredients. Stir to mix. Spread over shortbread base. Bake in 350°F (180°C) oven for 30 minutes or until set and a rich brown color. Cut into 36 squares.

ICING

Icing (confectioner's) sugar	**1½ cups**	**375 mL**
Butter or margarine	**3 tbsp.**	**50 mL**
Pineapple juice	**5 tsp.**	**25 mL**

Beat all together in bowl adding more juice a few drops at a time to reach proper spreading consistency. Spread over bars.

Pictured on page 35.

LEMON CRUNCH

Using soda crackers in this square gives it a bit of a different touch.

Soda crackers, finely rolled	**1⅓ cups**	**300 mL**
Butter or margarine	**¾ cup**	**175 mL**
Granulated sugar	**½ cup**	**125 mL**
All-purpose flour	**¾ cup**	**175 mL**
Coconut	**½ cup**	**100 mL**
Baking powder	**1 tsp.**	**5 mL**
Eggs, beaten	**3**	**3**
Lemon, rind and juice	**1**	**1**
Granulated sugar	**1 cup**	**225 mL**
Butter or margarine	**¼ cup**	**50 mL**

Bottom Layer: Crumble all ingredients together. Remove 1 cup (225 mL) of crumbs for topping. Press remaining crumbs into greased 9 x 9 - inch (22 x 22 cm) pan. Bake in 350°F (180°C) oven for 15 minutes. Remove from oven and spread with filling.

Filling: Beat eggs in top of double boiler or heavy pot. Add remaining ingredients. Stir and cook until thickened. Spread over bottom crumbs. Sprinkle reserved crumbs over top. Return to oven until browned slightly. Cool. Cut into 36 squares.

Pictured on page 35.

In case of a natural disaster it is the duty of every citizen to have an extra supply of calories stored up.

BUTTERSCOTCH BROWNIES

A chewy brownie with a caramel flavor.

Butter or margarine	**¼ cup**	**50 mL**
Brown sugar, packed	**1 cup**	**225 mL**
Egg	**1**	**1**
Vanilla	**½ tsp.**	**2 mL**
All-purpose flour	**¾ cup**	**175 mL**
Baking powder	**1 tsp.**	**5 mL**
Salt	**¼ tsp.**	**1 mL**
Chopped walnuts	**½ cup**	**125 mL**

Melt butter in saucepan and add it to sugar in bowl. Stir. Add egg and vanilla and stir. Measure in flour, baking powder, salt and nuts. Mix well. Spread in greased 8 x 8 - inch (20 x 20 cm) pan. Bake in 350°F (180°C) oven for 30 minutes until sides show signs of pulling away from the pan. Frosting given below.

ICING

Butter or margarine	**2 tbsp.**	**30 mL**
Brown sugar, packed	**¼ cup**	**50 mL**
Milk	**2 tbsp.**	**30 mL**
Icing (confectioner's) sugar	**1 cup**	**250 mL**

Combine first 3 ingredients in saucepan. Bring to boil and simmer 2 minutes. Remove from heat. Cool. Add icing sugar and stir well. Add more icing sugar or milk as needed to make a smooth spreading icing. Frost brownies. Cut into 25 squares.

Pictured on page 53.

FRUITY FRUIT SLICE

This calls for a bit more time than usual to get ready for the oven with putting the cherries on top, but then you need not ice it.

Eggs, beaten	**2**	**2**
Lemon extract	**¼ tsp.**	**1 mL**
Dates, chopped	**1 cup**	**250 mL**
Granulated sugar	**½ cup**	**125 mL**
Mixed fruit peel	**½ cup**	**125 mL**
Chopped walnuts	**1 cup**	**200 mL**
All-purpose flour	**6 tbsp.**	**100 mL**
Baking powder	**1 tsp.**	**5 mL**
Salt	**½ tsp.**	**2 mL**
Red and green cherries	**13**	**13**

Beat eggs in bowl until frothy. Add rest of ingredients except cherries in order given. Mix and put in greased 8 x 8 - inch (20 x 20 cm) pan.

Cut cherries in half. Put cut side of cherries down on top allowing 1 per square. If you cut 5 x 5 you will need 25 halves or 13 cherries. Alternate colors. Bake in 350°F (180°C) oven for 25 to 30 minutes. Cut into 25 squares.

Pictured on page 35.

Be sure to consume all the buns, butter, and all the extras that come with the meal in a restaurant such as the soup and dessert. Fight inflation. Don't waste a thing.

CARIBBEAN BARS

With the pineapple and touch of rum, this is well named.

Butter or margarine	**½ cup**	**125 mL**
Granulated sugar	**¼ cup**	**50 mL**
All-purpose flour	**1¼ cups**	**300 mL**
Eggs	**2**	**2**
Brown sugar, packed	**1 cup**	**225 mL**
Crushed pineapple, drained (save juice for icing)	**½ cup**	**125 mL**
Coconut	**1 cup**	**225 mL**
Candied cherries, chopped	**⅓ cup**	**75 mL**
Rum flavoring	**1 tsp.**	**5 mL**
All-purpose flour	**2 tbsp.**	**30 mL**
Baking powder	**½ tsp.**	**2 mL**

Bottom Layer: Crumble butter, sugar and flour together well. Pack in 9 x 9 - inch (22 x 22 cm) ungreased pan. Bake in 350°F (180°C) oven for 15 minutes.

Top Layer: Beat eggs slightly. Stir in remaining ingredients. Spread over bottom layer. Bake in 350°F (180°C) oven for 25 to 30 minutes until a medium brown color and is set. Frost with icing below. Cut into 36 squares.

ICING

Icing (confectioner's) sugar	**1½ cups**	**350 mL**
Butter or margarine	**3 tbsp.**	**50 mL**
Rum flavoring	**½ tsp.**	**2 mL**
Pineapple juice	**5 tsp.**	**25 mL**

Combine all together in bowl. Beat, adding more juice if icing is too stiff. Spread over bars. Allow to set before cutting.

Pictured on page 35.

CHOCOLATE CHERRY SLICE

With a smooth chocolate bottom layer for a big difference, try this one and see how long you can keep it around.

Sweet chocolate squares (1½ cups, 375 mL, sweet chocolate chips or semisweet may be used instead)	**8 oz.**	**250 g**
Eggs	**2**	**2**
Granulated sugar	**½ cup**	**125 mL**
Coconut	**1½ cups**	**350 mL**
Candied cherries, cut up	**¼ cup**	**50 mL**
Icing (confectioner's) sugar		

Bottom Layer: Either use a double boiler or put 1 saucepan into a large saucepan that has hot water in it. Put chocolate in top of double boiler over hot (not boiling) water to melt, stirring once in awhile to hasten it. When it is melted pour into greased 8 x 8 - inch (20 x 20 cm) pan. Chill.

Top Layer: Beat eggs and sugar together until frothy and thick. Fold in coconut and cherries. Spread over chocolate mixture. Bake in 350°F (180°C) oven for 10 to 15 minutes until a golden color and firm to the touch. Cool. Store in refrigerator.

Before serving, sift icing sugar over squares. Makes 25.

Pictured on page 35.

Think big. What a bargain to take up two seats when you only have to pay for one!

CARAMEL SLICE

This is an exceptionally good square. With its caramel taste and lots of nuts, there isn't anyone who doesn't like it.

Butter or margarine	**¼ cup**	**50 mL**
Brown sugar, packed	**1 cup**	**225 mL**
Egg, beaten	**1**	**1**
Chopped walnuts	**½ cup**	**125 mL**
All-purpose flour	**¾ cup**	**175 mL**
Baking powder	**1 tsp.**	**5 mL**
Salt	**¼ tsp.**	**1 mL**
Medium-grind coconut	**1 cup**	**200 mL**

Melt butter in large saucepan. Remove from heat. Add sugar. Stir in beaten egg. Measure in nuts, flour, baking powder, salt and coconut. Stir well. Scrape into greased 9 x 9 - inch (22 x 22 cm) pan. Bake in 350°F (180°C) oven for 30 minutes or until set and a medium brown. Frost when cool with caramel icing.

ICING

Butter or margarine	**¼ cup**	**50 mL**
Brown sugar, packed	**½ cup**	**125 mL**
Milk	**2 tbsp.**	**30 mL**
Icing (confectioner's) sugar	**1 cup**	**250 mL**

Combine butter, sugar and milk in saucepan. Bring to boil and simmer 2 minutes. Cool. To speed up this procedure, run some cold water in the sink. Set pan in water. Stir until cool.

Stir in icing sugar. If too stiff, add a bit more milk until soft enough to spread. Smooth over bars. Cut when set. Yields 36 squares.

Pictured on page 35.

BANANA BARS

There are not many squares with bananas in them. Of those familiar to us, this is one of the taste pleasers.

Butter or margarine	**¼ cup**	**50 mL**
Brown sugar, packed	**½ cup**	**125 mL**
Egg	**1**	**1**
Vanilla	**½ tsp.**	**2 mL**
Banana, mashed (2 small)	**½ cup**	**125 mL**
Apricot jam	**⅓ cup**	**75 mL**
Lemon juice	**1 tsp.**	**5 mL**
All-purpose flour	**1 cup**	**250 mL**
Baking powder	**½ tsp.**	**3 mL**
Salt	**¼ tsp.**	**1 mL**
Chopped walnuts	**¼ cup**	**50 mL**
Apricot jam, strained	**¼ cup**	**50 mL**
Crushed walnuts	**¼ cup**	**50 mL**

Cream butter with sugar. Add egg and vanilla. Beat until fluffy. Stir in banana, first amount of jam and lemon juice. Stir in flour, baking powder, salt and first amount of nuts. Spread in greased 9 x 9 - inch (22 x 22 cm) pan. Bake in 350°F (180°C) oven for 25 to 30 minutes. Remove from oven.

Spread immediately with strained jam. Sprinkle with crushed nuts. Cut when cool. 36 squares.

Pictured on page 53.

Don't ever eat like a rabbit with all that so called rabbit food. Bigger animals eat them for dinner. Defend yourself. Eat lots.

FESTIVE FRUIT CAKE

This has to be the next best thing to a Christmas cake yet it bakes in a fraction of the time

All-purpose flour	**¼ cup**	**50 mL**
Mixed glazed cut fruit	**⅔ cup**	**150 mL**
Butter or margarine	**½ cup**	**125 mL**
Granulated sugar	**½ cup**	**125 mL**
Concentrated orange juice	**2 tbsp.**	**30 mL**
Orange rind, grated	**1 tsp.**	**5 mL**
Egg	**1**	**1**
Almond flavoring	**¼ tsp.**	**1 mL**
All-purpose flour	**1½ cups**	**375 mL**
Baking soda	**½ tsp.**	**2 mL**
Salt	**¼ tsp.**	**1 mL**
Chopped walnuts	**½ cup**	**125 mL**

Before beginning to mix, stir about ¼ cup (50 mL of the flour into a bowl with the fruit, stirring to coat each piece.

In another bowl, cream the butter and sugar. Add orange juice and rind. Beat until well blended. Beat in egg until very well combined. Add almond flavoring. Measure in flour, soda and salt stirring to mix. Fold in fruit and nuts. Scrape into greased 9 x 9 - inch (22 x 22 cm) pan. Bake in 350°F (180°C) oven for 20 minutes until it shows signs of pulling away from sides of pan. Cool. Frost or dust with icing sugar or eat just plain. Another good keeper and freezer. Cuts into 36 squares.

ICING

Icing (confectioner's) sugar	**1½ cups**	**375 mL**
Butter or margarine	**3 tbsp.**	**50 mL**
Orange juice	**5 tsp.**	**25 mL**

Beat all together adding a bit more juice if necessary. Spread over cooled bars.

Pictured on page 35.

MARBLE SQUARES

This takes a bit more time to make but anything so rich is bound to be worthwhile!

Eggs	**2**	**2**
Granulated sugar	**¼ cup**	**50 mL**
Brown sugar, packed	**1 cup**	**225 mL**
All-purpose flour	**¾ cup**	**175 mL**
Baking powder	**½ tsp.**	**2 mL**
Vanilla	**1 tsp.**	**5 mL**
Salt	**⅛ tsp.**	**½ mL**
Coconut	**½ cup**	**125 mL**
Unsweetened chocolate square, melted	**1**	**1**
Butter or margarine, melted	**1 tbsp.**	**15 mL**
Chopped walnuts	**¼ cup**	**50 mL**
Large marshmallows cut in half (use scissors)	**18**	**18**

Beat eggs slightly. Add both sugars, flour, baking powder, vanilla and salt. Stir well. Divide batter into 2 portions. To 1 part add coconut and mix well. Spread in greased 9 x 9 - inch (22 x 22 cm) pan. To other part add melted chocolate, butter and nuts. Mix and spread over first layer in pan. Bake in 350°F (180°C) oven for 30 minutes or until cooked. Remove from oven and cover with marshmallow halves, putting 6 one way and 6 along the other making 36 halves in all. Return to oven for 2 minutes. Remove. Use point of knife to spread marshmallows evenly. While still warm, ice with chocolate icing.

ICING

Icing (confectioner's) sugar	**1⅓ cups**	**300 mL**
Butter or margarine	**2 tbsp.**	**30 mL**
Cocoa	**⅓ cup**	**75 mL**
Water	**5 tsp.**	**25 mL**

Beat all together in bowl. Add more water if needed so the icing will spread. Smooth over baked squares. Cool. Cut into 36 squares.

Pictured on page 71.

PINEAPPLE BROWNIES

A good moist variation for brownies

Butter or margarine	**½ cup**	**125 mL**
Squares unsweetened chocolate	**2**	**2**
Granulated sugar	**1 cup**	**250 mL**
Eggs	**2**	**2**
Crushed pineapple, drained (save juice for icing)	**½ cup**	**125 mL**
All-purpose flour	**1 cup**	**250 mL**
Vanilla	**½ tsp.**	**2 mL**
Baking powder	**½ tsp.**	**2 mL**
Baking soda	**¼ tsp.**	**1 mL**
Salt	**½ tsp.**	**2 mL**
Chopped walnuts	**½ cup**	**125 mL**

Combine butter and chocolate in saucepan and melt over low heat. In bowl beat sugar and eggs together. Add chocolate mixture. Stir in pineapple. Measure in flour, vanilla, baking powder, baking soda, salt and nuts. Stir well. Scrape into greased 9 x 9 - inch (22 x 22 cm) pan. Bake in 350°F (180°C) oven for 30 minutes until edges show signs of pulling away from pan. Cool. Frost. Cut into 36 squares.

PINEAPPLE ICING

Icing (confectioner's) sugar	**1½ cups**	**350 mL**
Butter or margarine	**3 tbsp.**	**50 mL**
Pineapple juice	**5 tsp.**	**25 mL**

Beat all together in small bowl adding more sugar or juice as needed for easy spreading. Smooth over brownies. Cut when set.

Pictured on page 53.

APPLE SQUARES

This is sort of like a cake, with little pits made when the apple cooks and shrinks.

Butter or margarine	**6 tbsp.**	**100 mL**
Eggs	**2**	**2**
Granulated sugar	**1 cup**	**250 mL**
Baking soda	**1 tsp.**	**5 mL**
Vanilla	**1 tsp.**	**5 mL**
Cinnamon	**¼ tsp.**	**1 mL**
All-purpose flour	**1 cup**	**250 mL**
Tart apples, peeled and chopped	**2 cups**	**450 mL**
Chopped walnuts	**½ cup**	**125 mL**

Icing (confectioner's) sugar

Combine butter, eggs, sugar, baking soda, vanilla, cinnamon and flour in large bowl. Beat until well mixed. Add apple and nuts. Stir to mix. Scrape into greased 9 x 9 - inch (22 x 22 cm) pan. Bake in 350°F (180°C) oven for 40 to 50 minutes. Cool 15 minutes.

Sift icing sugar over top. Cut into 36 squares.

Pictured on page 53.

1. Marzipan Bars page 73
2. Almond Date Squares page 89
3. Marble Squares page 68
4. Double Brownie page 74
5. Cherry Triangles page 77

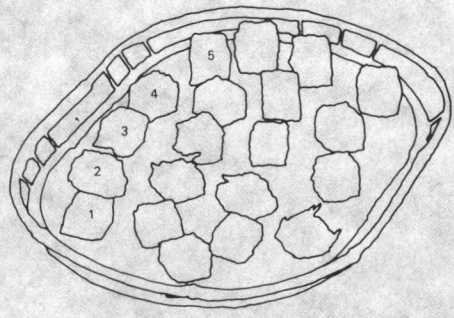

MARZIPAN BARS

A festive almond-flavored, pretty square. It takes a little longer than usual to put in the pan but the end result is well worth it.

Pie crust — your own or a mix, enough for 1 crust		
Raspberry jam	**¼ cup**	**50 mL**
Butter or margarine	**½ cup**	**125 mL**
Granulated sugar	**⅔ cup**	**150 mL**
Eggs	**2**	**2**
Rice flour	**⅔ cup**	**150 mL**
Salt	**¼ tsp.**	**1 mL**
Red food coloring		
Green food coloring		

Bottom Layer: Roll out pie crust and put in bottom of 9 x 9 - inch (22 x 22 cm) ungreased pan.

Filling: Spread jam thinly over bottom crust.

Top Layer: Beat butter and sugar together in medium-sized bowl. Add eggs 1 at a time, beating well after each addition. When fluffy, stir in rice flour and salt. Divide batter into 2 equal portions. Tint 1 portion pink and the other green. Place on top of jam layer, alternating teaspoonfuls of each color. This will look like a checkerboard when finished. Bake in 375°F (190°C) oven for 35 minutes. Do not try to brown. It will spread flat as it cooks. Cool. Frost.

ICING

Icing (confectioner's) sugar	**1½ cups**	**350 mL**
Butter or margarine	**3 tbsp.**	**50 mL**
Almond flavoring	**1 tsp.**	**5 mL**
Milk	**5 tsp.**	**25 mL**

Beat all together adjusting liquid as needed. Spread over cooled bars. Cut into 36 squares.

Pictured on page 71.

DOUBLE BROWNIES

This way you get both — chocolate and butterscotch in every piece.

Eggs	**2**	**2**
Granulated sugar	**1 cup**	**225 mL**
All-purpose flour	**¾ cup**	**175 mL**
Chopped walnuts	**½ cup**	**125 mL**
Salt	**⅛ tsp.**	**0.5 mL**
Cocoa	**¼ cup**	**50 mL**
Butter or margarine	**½ cup**	**125 mL**
Butter or margarine	**½ cup**	**125 mL**
Brown sugar, packed	**1½ cups**	**350 mL**
Eggs	**2**	**2**
Vanilla	**2 tsp.**	**10 mL**
All-purpose flour	**1½ cups**	**350 mL**
Salt	**¼ tsp.**	**1 mL**
Chopped walnuts	**½ cup**	**125 mL**

Chocolate Layer: Beat 2 eggs until foamy. Add granulated sugar, flour, nuts and salt. Melt cocoa and butter together in saucepan over low heat. Add to egg mixture and blend well. Spread in greased 9 x 13 - inch (22 x 33 cm) pan. Set aside.

Butterscotch Layer: In clean bowl cream butter with brown sugar. Add 2 eggs and vanilla. Beat until well mixed. Add remaining ingredients. Stir. Spoon over chocolate layer in small blobs. Spread as best you can. Bake in 350°F (180°C) oven for 30 minutes until brownies begin to pull away from sides of pan. Cool and frost.

ICING

Butter or margarine	**¼ cup**	**50 mL**
Brown sugar, packed	**½ cup**	**125 mL**
Milk	**3 tbsp.**	**50 mL**
Icing (confectioner's) sugar	**1½ cups**	**350 mL**

Bring butter, brown sugar and milk to boil in saucepan. Simmer for 2 minutes. Cool. Stir in icing sugar, adding more sugar or milk if necessary to make consistency for easy spreading. Spread over cooled squares.

(continued on next page)

DRIZZLE

Semisweet chocolate chips	**⅔ cup**	**150 mL**
Butter or margarine	**1 tbsp.**	**15 mL**

Melt together over hot water and drizzle over icing. Cut into 54 squares.

Pictured on page 71.

MINCEMEAT SQUARES

This is especially good if you have any homemade mincemeat. It has a slightly spicy taste and is very moist. Freezes well.

All-purpose flour	**1½ cups**	**350 mL**
Rolled oats	**½ cup**	**125 mL**
Butter or margarine	**¾ cup**	**175 mL**
Brown sugar, packed	**½ cup**	**125 mL**
Mincemeat	**1 cup**	**225 mL**

Bottom Layer: Measure flour, oats, butter and sugar into bowl. Mix until crumbly. Pack ⅔ of crumbs into bottom of ungreased 9 x 9 - inch (22 x 22 cm) pan.

Filling: Put mincemeat in blender to smooth. Spread over bottom layer in pan.

Top Layer: Sprinkle the last ⅓ of the crumbs over the mincemeat layer. Pack down gently with your hand. Bake in 350°F (180°C) oven for 25 to 30 minutes until set and a nice golden color. Cool. Dust with icing sugar if desired. Cuts into 36 squares.

Pictured on page 35.

CHEESE APPLE SQUARES

You know how cheese and apple go together!

Medium Cheddar cheese, grated	**1 cup**	**250 mL**
Butter or margarine	**½ cup**	**125 mL**
All-purpose flour	**1½ cups**	**375 mL**
Baking powder	**1 tsp.**	**5 mL**
Granulated sugar	**2 tbsp.**	**30 mL**
Apple or crabapple jelly or apple pie filling	**1 cup**	**250 mL**

Crumble cheese and butter together well. Add flour, baking powder and sugar. Continue to crumble well. Spread large half of mixture in ungreased 8 x 8 - inch (20 x 20 cm) pan.

Spread with apple jelly. Cover with remaining crumbs. Press slightly with your hand. Bake in 350°F (180°C) oven for 30 minutes. Cover with glaze. Cut into 25 squares.

GLAZE

Melt about ¼ cup (50 mL) apple jelly and smooth over top of bars. Much easier to do while hot by dabbing it on directly from container and spreading as it melts. Freezes well. Wrap airtight first.

Pictured on page 53.

Eat more and live longer. Look at the whale and the elephant. Eat like a fly and you're dead in two weeks!

CHERRY TRIANGLES

You will find this a very different square. There is only the slightest hint of sweetness. The yeast lends its own flavor and the center ribbon of red makes it quite an eye catcher.

Milk	**⅔ cup**	**150 mL**
Granulated sugar	**1 tsp.**	**5 mL**
Envelope dry yeast	**1**	**1**
Butter or margarine	**1 cup**	**250 mL**
All-purpose flour	**2½ cups**	**625 mL**
Egg yolks, slightly beaten	**4**	**4**
Cherry pie filling	**19 oz.**	**540 mL**
Minute tapioca	**2 tbsp.**	**30 mL**

Pour milk into small saucepan. Bring just to below boiling in order to scald. Remove from heat. Cool to lukewarm. Discard the skin that will have formed as the milk has cooled. Stir in sugar. Sprinkle yeast over top being very careful not to let any granules stick to the sides of the pan or you will have solid little bits of yeast in the crust. Let stand for 10 minutes. Stir. Pour yeast mixture into bowl. Add butter, flour, yolks and mix together to make dough. Roll out half dough for the bottom of 9 x 13 - inch (22 x 33 cm) greased pan.

Combine cherry pie filling with tapioca. Spread over bottom crust. Roll out other half of crust and place over top. Bake in 350°F (180°C) oven for 45 to 50 minutes. Cool and frost.

ICING

Icing (confectioner's) sugar	**1½ cups**	**375 mL**
Butter or margarine	**3 tbsp.**	**50 mL**
Water	**5 tsp.**	**25 mL**
Vanilla	**½ tsp.**	**2 mL**
Nuts, chopped	**2 tbsp.**	**30 mL**
Cherries, chopped (optional)	**2 tbsp.**	**30 mL**

Beat sugar, butter, water and vanilla together well, adding a bit more water, if needed, for easy spreading. Smooth over cooled squares. Sprinkle with chopped nuts and also with the cherries if you are going to use them. Cut into 54 squares.

Pictured on page 71.

FIVE-CUP SLICE

Another of those quick easy bars everyone likes.

Raisins	**1¼ cups**	**300 mL**
Semisweet chocolate chips	**1¼ cups**	**300 mL**
Peanuts	**1¼ cups**	**300 mL**
Coconut	**1¼ cups**	**250 mL**
Sweetened condensed milk	**10 oz.**	**284 mL**

Coarsely chop raisins, if you like. It is not necessary. Combine all ingredients together in bowl. Stir well to mix. Spread into 9 x 9 - inch (22 x 22 cm) pan. Bake in 350°F (180°C) oven for 25 to 30 minutes. Cut into 36 squares.

Pictured on page 105.

GUMDROP BARS

Here is a substitution for cut fruit — gumdrop candies. Has a caramel flavor.

Butter or margarine	**⅓ cup**	**75 mL**
Brown sugar, packed	**⅓ cup**	**75 mL**
Granulated sugar	**½ cup**	**125 mL**
Eggs, beaten	**2**	**2**
All-purpose flour	**1 cup**	**225 mL**
Salt	**¼ tsp.**	**1 mL**
Rolled oats	**1 cup**	**225 mL**
Baking powder	**½ tsp**	**2 mL**
Baking soda	**½ tsp.**	**2 mL**
Sweetened coconut	**½ cup**	**125 mL**
Gumdrop candies, cut up (no black)	**½ cup**	**125 mL**
Vanilla	**½ tsp.**	**2 mL**

Cream butter and sugars well. Add beaten eggs and beat together. Add flour, salt, oats, baking powder, baking soda, coconut, gumdrops and vanilla. Mix all together. Press in greased 9 x 9 - inch (22 x 22 cm) pan. Bake in 350°F (180°C) oven for 25 to 30 minutes. When cool sift icing sugar over top. Cuts into 36 squares.

Pictured on page 53.

CHERRY ALMOND SQUARES

This is a rich, crumbly, melt-in-your-mouth type, square.

Butter (not margarine)	**1 cup**	**250 mL**
Brown sugar, packed	**1 cup**	**250 mL**
All-purpose flour	**2 cups**	**500 mL**
Glazed cherries, finely cut	**½ cup**	**125 mL**
Blanched almonds, finely cut	**½ cup**	**125 mL**

Combine butter, sugar and flour in a bowl. Mix together like you were making pie crust. Add cherries and nuts squeezing in as best you can to distribute as evenly as possible. Press into ungreased 9 x 9 - inch (22 x 22 cm) pan. Bake in slow oven, 325°F (160°C) for 20 to 30 minutes until set and a golden brown. Frosting is below, if desired. Cut while warm. 36 squares.

ICING

Icing (confectioner's) sugar	**1½ cups**	**350 mL**
Butter or margarine	**3 tbsp.**	**50 mL**
Cherry flavoring	**½ tsp.**	**2 mL**
Water	**5 tsp.**	**25 mL**

Beat together in small bowl adding liquid as needed so icing can be spread easily. Smooth over cooled squares which have already been cut while warm.

Pictured on page 53.

QUICK HURRY BARS

These are the quickest of the quick.

Graham cracker crumbs	**2 cups**	**500 mL**
Flaked coconut	**1⅓ cups**	**250 mL**
Chopped walnuts	**1 cup**	**225 mL**
Sweetened condensed milk	**10 oz.**	**284 mL**

Combine crumbs, coconut and walnuts in medium bowl. Add condensed milk and stir well. Scrape into well-greased 8 x 8 - inch (20 x 20 cm) pan. Bake in 350°F (180°C) oven for 40 minutes until an inserted toothpick comes out clean. Cool. Cut and store covered airtight. Makes 25 squares.

Pictured on page 53.

CREAM CHEESE BROWNIES

These are poky to layer before baking, but are worth the extra time it takes.

Cream cheese	**4 oz.**	**125 g**
Egg	**1**	**1**
Granulated sugar	**½ cup**	**125 mL**
All-purpose flour	**2 tbsp.**	**30 mL**
Maraschino cherries, well-drained and cut up	**½ cup**	**125 mL**
Eggs	**2**	**2**
Granulated sugar	**1 cup**	**225 mL**
All-purpose flour	**¾ cup**	**175 mL**
Chopped walnuts	**½ cup**	**125 mL**
Salt	**⅛ tsp.**	**0.5 mL**
Cocoa	**¼ cup**	**50 mL**
Butter or margarine	**½ cup**	**125 mL**

Cheese Layer: Beat cheese and 1 egg well. Blend sugar and flour in gradually, beating until well blended. Stir in cherries. Set aside.

Brownie Layer: Beat 2 eggs until frothy. Add next 4 ingredients. Melt and stir cocoa and butter. Add to second egg mixture. Stir well. Spread scant ⅔ of this mixture into greased 8 x 8 - inch (20 x 20 cm) pan. Carefully spread cheese filling over. Cover as completely as you can with brownie mixture. Bake in 350°F (180°C) oven for 30 to 35 minutes. Should show signs of pulling away from edge of pan. Frost or not — as you please. Cuts into 25 nice-size squares.

ICING

Icing (confectioner's) sugar	**1⅓ cups**	**300 mL**
Cocoa	**⅓ cup**	**75 mL**
Butter or margarine	**3 tbsp.**	**50 mL**
Hot water or coffee	**5 tsp.**	**25 mL**

Put all ingredients into a small bowl. Beat. If too stiff to spread easily, add a few drops more liquid. Frost brownies.

Pictured on page 53.

FRUIT COCKTAIL BARS

This is a very moist bar and it stays that way for days. Try it hot with ice cream on it and discover how versatile it is.

Eggs	**2**	**2**
Granulated sugar	**1½ cups**	**350 mL**
Fruit cocktail and juice	**14 oz.**	**398 mL**
All-purpose flour	**2¼ cups**	**500 mL**
Baking soda	**2 tsp.**	**10 mL**
Salt	**½ tsp.**	**2 mL**
Vanilla	**1 tsp.**	**5 mL**
Chopped walnuts	**½ cup**	**125 mL**
Brown sugar, packed	**½ cup**	**125 mL**

Beat eggs and sugar together well. Add fruit and juice. Stir to combine. Stir in flour, soda, salt and vanilla. Spread in greased 9 x 13 - inch (22 x 33 cm) pan.

Sprinkle nuts and brown sugar over batter in pan. Bake in 350°F (180°C) oven for 45 minutes or until set. Glaze follows.

GLAZE

Brown sugar, packed	**¾ cup**	**175 mL**
Vanilla	**½ tsp.**	**2 mL**
Butter or margarine	**½ cup**	**125 mL**
Milk	**¼ cup**	**50 mL**
Chopped walnuts (optional)	**½ cup**	**125 mL**

Bring all ingredients to a boil in a saucepan while stirring. Pour over warm bars. Cool. Cut into 54 squares.

Pictured on page 53.

CHIP CRUMBLES

This is very quick and easy to make and has the flavor of chocolate chip cookies.

Butter or margarine	**1 cup**	**250 mL**
Brown sugar, packed	**1 cup**	**250 mL**
Vanilla	**1 tsp.**	**5 mL**
All-purpose flour	**2 cups**	**500 mL**
Walnuts, finely chopped	**1 cup**	**250 mL**
Semisweet chocolate chips	**1 cup**	**250 mL**

Crumble butter, sugar, vanilla and flour together in bowl. Stir in nuts and chips. Pat into ungreased 9 x 9 - inch (22 x 22 cm) pan. Bake in 350°F (180°C) oven for 25 minutes or until browned. Cut while still warm. Cool in pan. Yields 36 squares.

Pictured on page 105.

PEANUT BUTTER BARS

This is like shortbread with a peanut butter flavor. Icing should not be omitted in these squares.

Butter or margarine	**½ cup**	**125 mL**
Peanut butter (smooth)	**¼ cup**	**50 mL**
Brown sugar, packed	**¾ cup**	**175 mL**
Egg	**1**	**1**
Vanilla	**1 tsp.**	**5 mL**
All-purpose flour	**1¾ cups**	**400 mL**

Mix all together in bowl and pack into greased 9 x 9 - inch (22 x 22 cm) pan. Bake in 350°F (180°C) oven for about 30 minutes. Cool. Frost. Cut into 36 squares.

ICING

Semisweet chocolate chips	**1 cup**	**250 mL**
Peanut butter (smooth)	**½ cup**	**125 mL**

Melt together in saucepan over low heat. Spread on cooled bars. Cut proportions down if you want just a showing on top of bars.

Pictured on page 105.

NEAPOLITAN SQUARES

A good keeper and an attractive addition to a plate of squares. Nicer to cut on the second or third day. Just be sure to keep them covered airtight.

Graham cracker crumbs	**1¼ cups**	**300 mL**
Butter or margarine, melted	**½ cup**	**125 mL**
Brown sugar, packed	**½ cup**	**125 mL**
All-purpose flour	**⅓ cup**	**75 mL**
Medium-grind coconut	**2 cups**	**450 mL**
Sweetened condensed milk	**11 oz.**	**300 mL**

Bottom Layer: Combine first 4 ingredients. Press into 9 x 9 - inch (22 x 22 cm) pan with greased sides. This makes it easier to remove side pieces. Bake in 350°F (180°C) oven for 10 minutes.

Second Layer: In clean bowl, combine coconut with condensed milk. Spread over bottom layer. Bake in 350°F (180°C) oven for 20 minutes or until a very slight tinge of light brown begins to show on the edges. Allow to cool before frosting.

ICING

Icing (confectioner's) sugar	**2 cups**	**500 mL**
Butter or margarine	**4 tbsp.**	**50 mL**
Maraschino cherry juice	**3 tbsp.**	**50 mL**

Beat all together, adding a bit more juice, if needed, to make icing soft enough to spread. Spread over cooled bars. Cover tightly and store at least a day to soften. Can be used the same day as baked but it is more difficult to cut. If you do not have any cherry juice, use water with a bit of red food coloring with ¼ tsp. (1 mL) cherry or almond flavoring. Cut into 36 squares.

Pictured on page 53.

CHOCOLATE WALNUT SLICE

A buttery fudge taste.

Butter or margarine	**½ cup**	**125 mL**
Brown sugar, packed	**⅓ cup**	**75 mL**
All-purpose flour	**1¼ cups**	**300 mL**
Salt	**¼ tsp.**	**1 mL**
Eggs, beaten	**2**	**2**
Brown sugar, packed	**1 cup**	**225 mL**
Cocoa	**3 tbsp.**	**50 mL**
All-purpose flour	**1 tbsp.**	**15 mL**
Chopped walnuts	**½ cup**	**125 mL**
Coconut	**1 cup**	**225 mL**
Vanilla	**1 tsp.**	**5 mL**

Bottom Layer: Measure first 4 ingredients into bowl. Crumble together until mealy. Press in ungreased 9 x 9 - inch (22 x 22 cm) pan. Set aside.

Top Layer: Beat eggs until foamy. Add rest of ingredients and stir well. Spread over bottom layer. Bake in 350°F (180°C) oven for 30 minutes. Cool. Frost and cut into 36 squares.

ICING

Icing (confectioner's) sugar	**1¼ cups**	**300 mL**
Cocoa	**⅓ cup**	**75 mL**
Butter or margarine	**3 tbsp.**	**50 mL**
Hot coffee or water	**5 tsp.**	**25 mL**

Beat all together in small bowl, adding more liquid, if needed, to spread easily. Spread over cooled bars.

Pictured on page 35.

COCONUT GRAHAM CAKE

A one-step cake that, if left uniced, is not too sweet. It has a rich flavor.

Butter or margarine	**½ cup**	**125 mL**
Egg (use 2 if too dry)	**1**	**1**
Granulated sugar	**1 cup**	**225 mL**
Vanilla	**1 tsp.**	**5 mL**
Graham cracker crumbs	**2 cups**	**450 mL**
All-purpose flour	**3 tbsp.**	**50 mL**
Baking powder	**1 tsp.**	**5 mL**
Salt	**¼ tsp.**	**1 mL**
Medium-grind coconut	**1 cup**	**225 mL**

Cream butter, egg, sugar and vanilla. Add the remaining ingredients, stirring well to blend. Pack in greased 9 x 9 - inch (22 x 22 cm) pan. Bake in 350°F (180°C) oven for 30 to 40 minutes. Frost when cool. Cut into 36 squares.

ICING

Butter or margarine	**¼ cup**	**50 mL**
Brown sugar, packed	**½ cup**	**125 mL**
Milk	**2 tbsp.**	**30 mL**
Icing (confectioner's) sugar	**1 cup**	**225 mL**

Combine butter, brown sugar and milk in saucepan. Bring to boil and simmer 2 minutes. Remove from heat. Cool. Add icing sugar and beat. Add more milk if too stiff or more icing sugar if too thin. Spread over cake.

Pictured on page 53.

APRICOT ZINGS

The bottom layer helps "make" this delicious square. It is even better when used the second day. A good seller at a bake sale. Freezes well.

Graham cracker crumbs	**1 cup**	**250 mL**
All-purpose flour	**1 cup**	**250 mL**
Brown sugar, packed	**1 cup**	**250 mL**
Medium-grind coconut	**½ cup**	**125 mL**
Salt	**½ tsp.**	**2 mL**
Butter or margarine, melted	**¾ cup**	**175 mL**
Dried apricots	**1 cup**	**250 mL**
Water to cover fruit		
Eggs	**2**	**2**
Brown sugar, packed	**1 cup**	**225 mL**
Lemon juice	**1 tbsp.**	**15 mL**
All-purpose flour	**⅓ cup**	**75 mL**
Baking powder	**½ tsp.**	**2 mL**
Salt	**¼ tsp.**	**1 mL**

Bottom Layer: Combine first 5 ingredients in bowl. Add melted butter and mix. Reserve 1 cup (225 mL). Pack the rest in ungreased 9 x 9 - inch (22 x 22 cm) pan. Bake in 350°F (180°C) oven for 10 minutes.

Filling: Simmer apricots in water 15 minutes. Drain and chop. Set aside.

Beat eggs until frothy. Add sugar and lemon juice. Mix. Measure flour, baking powder and salt into egg mixture. Stir. Add apricots and stir again. Spread over bottom layer. Sprinkle with reserved crumbs. Bake in 350°F (180°C) oven for 30 to 35 minutes. Cool and cut into 36 squares.

Pictured on page 35.

GRAHAM WAFER CHEW

One of the fastest recipes going — that is once you get the dates cut up. When company is on the way, you can have this in the oven in no time. Cut it and eat it hot, plain, or with a gob of icing, which will run over the side as it melts.

Graham cracker crumbs	**1½ cups**	**350 mL**
Chopped walnuts	**1 cup**	**225 mL**
Dates, chopped	**1 cup**	**225 mL**
Brown sugar, packed	**1 cup**	**225 mL**
Baking powder	**1 tsp.**	**5 mL**
Egg (use 2 if mixture is too dry)	**1**	**1**

Measure all into bowl. Mix together. Spread mixture in greased 9 x 9 - inch (22 x 22 cm) pan. Bake in 350°F (180°C) oven for about 25 minutes. When cool, frost with chocolate icing.

ICING

Butter or margarine	**3 tbsp.**	**50 mL**
Icing (confectioner's) sugar	**1½ cups**	**350 mL**
Cocoa	**⅓ cup**	**75 mL**
Prepared coffee	**5 tsp.**	**25 mL**

Measure all ingredients into bowl. Beat well, adding more coffee if required. Spread over cooled squares. Cut into 36 squares.

Pictured on page 53.

Lonesome? Go ahead and eat. At least there will be more of you to keep you company.

CHOCOLATE DATE NUT SQUARES

This is really an outstanding chocolate square. It is moist, keeps well and freezes beautifully.

Dates, chopped	**1 cup**	**250 mL**
Baking soda	**1 tsp.**	**5 mL**
Boiling water	**1½ cups**	**300 mL**
Eggs	**2**	**2**
Butter or margarine	**½ cup**	**125 mL**
Granulated sugar	**1 cup**	**250 mL**
All-purpose flour	**1½ cups**	**300 mL**
Salt	**¾ tsp.**	**3 mL**
Baking soda	**¾ tsp.**	**3 mL**

Put dates and first amount of soda in large bowl. Pour boiling water over and stir. Set aside.

In another bowl, beat the eggs. Stir in the butter and sugar. Beat until well blended. Stir into date mixture. Measure flour, salt and second amount of baking soda into date mixture and stir together. Scrape into greased 9 x 13 - inch (22 x 33 cm) pan. Batter will be thin and runny. Cover with topping before baking.

TOPPING

Brown sugar, packed	**½ cup**	**125 mL**
Chopped walnuts	**½ cup**	**125 mL**
Semisweet chocolate chips	**1 cup**	**250 mL**

Stir all together in bowl first, then sprinkle over batter in pan. Bake in 350°F (180°C) oven for 50 minutes or until it tests done with toothpick. Cut into 54 squares when cool.

Pictured on page 35.

ALMOND DATE SQUARES

Truly a delicious treat, moist and a good keeper, these are good with or without the almonds.

Butter or margarine	**½ cup**	**125 mL**
Granulated sugar	**½ cup**	**125 mL**
Egg yolks	**2**	**2**
All-purpose flour	**1½ cups**	**350 mL**
Baking powder	**1 tsp.**	**5 mL**
Vanilla	**1 tsp.**	**5 mL**
Dates, chopped	**1 cup**	**250 mL**
Water	**½ cup**	**125 mL**
Egg whites	**2**	**2**
Brown sugar, packed	**1 cup**	**225 mL**
Slivered almonds	**½ cup**	**125 mL**

Bottom Layer: Mix first 6 ingredients together well. Press into greased 9 x 9 - inch (22 x 22 cm) pan. Set aside.

Filling: Boil dates and water together for 5 minutes. If mixture is too dry to spread easily, stir in a bit more water. Spread carefully over bottom layer.

Top Layer: Beat egg whites until frothy and turning white. Add brown sugar as you continue to beat until stiff. Spread over dates. Sprinkle with almonds. Bake in 350°F (180°C) oven for 30 minutes. Cool. Cover to store, cutting with a clean sharp knife before using. This gives the meringue a chance to soften. Cuts into 36 squares.

Pictured on page 71.

Help yourself to someone else's candy. No calories here since they are the ones that shouldn't have bought them.

CHERRY SQUARES

This is one of the most popular bar-type cookies. After you've tried it you will understand why.

All-purpose flour	**1¼ cups**	**300 mL**
Brown sugar, packed	**⅓ cup**	**75 mL**
Butter or margarine	**½ cup**	**125 mL**
Eggs	**2**	**2**
Brown sugar, packed	**1¼ cups**	**275 mL**
All-purpose flour	**1 tbsp.**	**15 mL**
Baking powder	**½ tsp.**	**2 mL**
Salt	**⅛ tsp.**	**0.5 mL**
Medium-grind coconut	**1 cup**	**225 mL**
Chopped walnuts	**½ cup**	**125 mL**
Candied or maraschino cherries, cut up	**½ cup**	**125 mL**

First Layer: Crumble first 3 ingredients together well. Press into ungreased 9 x 9 - inch (22 x 22 cm) pan. Bake in 350°F (180°C) for 15 minutes.

Second Layer: Beat eggs slightly and add the rest of the ingredients in order given. Spread over first layer. Return to oven and bake for 25 minutes until brown. May be iced with butter icing but if enough cherries can be seen showing through the top, it will look pretty enough as it is. Cut into 36 squares.

ICING

Icing (confectioner's) sugar	**1 cup**	**250 mL**
Butter or margarine	**2 tbsp.**	**30 mL**
Vanilla	**½ tsp.**	**2 mL**
Water or milk	**1 tbsp.**	**15 mL**

Beat all together in small bowl adding more water if needed to make a more spreadable mixture. Spread over cooled squares. This makes a minimum amount of frosting.

Pictured on page 53.

MOLASSES BARS

Add this to your list of squares that are not too sweet.

Butter or margarine	**½ cup**	**125 mL**
Granulated sugar	**½ cup**	**125 mL**
Egg, slightly beaten	**1**	**1**
Molasses	**¼ cup**	**50 mL**
Salt	**¼ tsp.**	**1 mL**
Cinnamon	**½ tsp.**	**2 mL**
Ginger	**¼ tsp.**	**1 mL**
Cloves	**¼ tsp.**	**1 mL**
Hot coffee	**½ cup**	**125 mL**
All-purpose flour	**1¼ cups**	**275 mL**
Baking soda	**½ tsp.**	**2 mL**

Cream together the butter and sugar. Add egg. Add molasses, salt, cinnamon, ginger, cloves and stir. Add part of the coffee and stir. Mix flour and soda together. Add half of it to creamed mixture and mix. Add the rest of the coffee followed by the rest of the flour, stirring after each addition. Spread in a greased 9 x 9 - inch (22 x 22 cm) pan. Bake in 350°F (180°C) oven for about 25 minutes. Test with toothpick.

ICING

Icing (confectioner's) sugar	**1½ cups**	**350 mL**
Butter or margarine	**3 tbsp.**	**50 mL**
Orange juice	**5 tsp.**	**25 mL**

Mix all together in small bowl adding more juice if needed. Spread over cooled bars. 36 squares.

Pictured on page 35.

RASPBERRY BARS

Shredded coconut gives this a fancy, festive air. The red ribbon in the middle looks attractive among a tray of squares.

All-purpose flour	**1¼ cups**	**300 mL**
Butter or margarine	**½ cup**	**125 mL**
Granulated sugar	**¼ cup**	**50 mL**
Raspberry jam (may use less)	**1 cup**	**225 mL**
Eggs	**2**	**2**
Granulated sugar	**1 cup**	**250 mL**
Shredded coconut	**2 cups**	**500 mL**
Vanilla	**1 tsp.**	**5 mL**
Baking powder	**½ tsp.**	**2 mL**
All-purpose flour	**1 tbsp.**	**15 mL**

Bottom Layer: Combine first 3 ingredients in bowl. Mix together well until crumbly. Press in greased 9 x 9 - inch (22 x 22 cm) pan.

Filling: Spoon jam in small dabs here and there over bottom layer. Spread carefully.

Top Layer: Beat eggs until frothy. Add sugar, coconut, vanilla, baking powder and flour. Stir to combine well. Spread over jam layer. Bake in 350°F (180°C) oven for at least 40 minutes until medium brown all over. Cool and cut into 36 squares.

Pictured on page 53.

If you begin to feel nervous about eating all these squares, a good idea is to have the bathroom scale close to the sink counter so you can steady yourself while weighing by putting one hand on the counter.

DATE PECAN BARS

You can't tell by looking at this what it is going to taste like. It is the rum flavor that makes all the difference. Must be made a day or two ahead.

Dates, chopped	**1 cup**	**250 mL**
Baking soda	**1 tsp.**	**5 mL**
Butter or margarine	**½ cup**	**125 mL**
Boiling water	**¾ cup**	**175 mL**
Dark rum (or 2 tsp., 10 mL, rum flavoring plus ¼ cup, 50 mL, water)	**¼ cup**	**50 mL**
Egg	**1**	**1**
Granulated sugar	**½ cup**	**125 mL**
Vanilla	**1 tsp.**	**5 mL**
All-purpose flour	**1½ cups**	**375 mL**
Baking powder	**1 tsp.**	**5 mL**

Place dates in large mixing bowl. Sprinkle with baking soda and stir a bit to distribute. Add butter and boiling water. Continue to stir until butter has melted. Add rum, stir and set aside.

In small bowl beat egg, sugar and vanilla together well. Pour into date mixture. Measure in flour and baking powder. Stir well. Spread in greased 9 x 9 - inch (22 x 22 cm) pan. Bake in 350°F (180°C) oven for 25 minutes. Remove from oven and spread with topping. Return to oven.

TOPPING

Brown sugar, packed	**1 cup**	**250 mL**
Butter or margarine	**3 tbsp.**	**50 mL**
Cream	**3 tbsp.**	**50 mL**
Chopped pecans	**1 cup**	**225 mL**

Crumble all ingredients together in bowl. As soon as you take squares out of the oven, spread over the top and return to oven for 15 to 20 minutes until golden brown. Cool. Cover with tight plastic or foil and put on an out of the way shelf in your cupboard so it can mellow for a day or two. MMMM! Makes 36 squares.

Pictured on page 53.

CHOCOLATE ORANGE DROPS

Orange and chocolate are go-togethers. This is moist and a good keeper.

Butter or margarine	**½ cup**	**125 mL**
Cream cheese	**4 oz.**	**125 g**
Icing (confectioner's) sugar	**½ cup**	**125 mL**
Egg	**1**	**1**
Orange rind, grated	**1 tbsp.**	**15 mL**
Vanilla	**1 tsp.**	**5 mL**
All-purpose flour	**1 cup**	**250 mL**
Salt	**½ tsp.**	**2 mL**
Semisweet chocolate chips	**1 cup**	**250 mL**

Beat butter and cream cheese until light. Add sugar and egg and beat until smooth. Add rind, vanilla and stir. Mix in flour, salt and chips. Put in greased 9 x 9 - inch (22 x 22 cm) pan. Bake in 350°F (180°C) oven for 30 minutes. Frost with butter icing, page 90, or use icing below.

ICING

You will need to refrigerate this icing but it is worth the extra trouble. Allow squares to come to room temperature to soften before serving.

Cream cheese	**4 oz.**	**125 g**
Concentrated orange juice	**3 tbsp.**	**45 mL**
Icing (confectioner's) sugar	**1½ cups**	**375 mL**

Beat cheese with orange juice. Add icing sugar and beat. Add more icing sugar or more orange juice as needed for easy spreading. Spread over bars. Cut into 36 squares.

Pictured on page 53.

The most perfect shape in the world is round. Have another sweet.

MERRY FRUIT BARS

A nice fruity and moist bar. Good with or without frosting.

Eggs	**2**	**2**
Granulated sugar	**½ cup**	**125 mL**
Vanilla	**½ tsp.**	**2 mL**
All-purpose flour	**¾ cup**	**175 mL**
Baking powder	**¾ tsp.**	**3 mL**
Salt	**½ tsp.**	**2 mL**
Glazed cut mixed fruit	**¾ cup**	**175 mL**
Dates, chopped	**¼ cup**	**50 mL**
Chopped walnuts	**½ cup**	**125 mL**

Beat eggs until thick and increased in volume. Add the sugar and continue beating. Beat in vanilla. Add flour, baking powder, salt, fruit, dates and nuts. Stir well to combine. Pour into greased 8 x 8 - inch (20 x 20 cm) pan. Bake in 350°F (180°C) oven for about 30 minutes until set. Cool and cut into 25 squares. Wrap airtight to freeze.

Pictured on page 53.

AUSTRALIAN HONEY BARS

A moist bar that is chewy. It is a good keeper.

Butter or margarine	**6 tbsp.**	**100 mL**
Honey	**½ cup**	**125 mL**
Eggs	**3**	**3**
All-purpose flour	**1½ cups**	**375 mL**
Baking powder	**1 tsp.**	**5 mL**
Raisins	**1 cup**	**250 mL**
Chopped walnuts	**¾ cup**	**175 mL**

Cream butter and honey together. Add eggs 1 at a time, beating well after each addition. Stir in flour, baking powder, raisins and nuts. Scrape into greased 9 x 9 - inch (22 x 22 cm) pan. Bake in 350°F (180°C) oven for 30 minutes until it firms. Before serving, sift icing sugar over top. Yields 36 squares.

Pictured on page 105.

PRUNE CHIPS

You will never know how good prunes can taste until you try this.

Butter or margarine	**6 tbsp.**	**100 mL**
Egg	**1**	**1**
Granulated sugar	**1 cup**	**225 mL**
Water	**½ cup**	**125 mL**
Lemon juice	**2 tsp.**	**10 mL**
Chopped walnuts	**⅓ cup**	**75 mL**
All-purpose flour	**1 cup**	**250 mL**
Baking soda	**½ tsp.**	**3 mL**
Salt	**½ tsp.**	**2 mL**
Nutmeg	**½ tsp.**	**2 mL**
Cinnamon	**½ tsp.**	**3 mL**
Cloves	**¼ tsp.**	**1 mL**
Dried prunes, pitted and cut up	**⅔ cup**	**150 mL**

Beat butter, egg and sugar together until fluffy. Add water, lemon juice and nuts beating to mix.

In another bowl, combine flour, soda, salt, spices and prunes which have been cut up quite fine. Stir to coat prunes with flour. Add to egg mixture. Stir to combine. Pour into greased 8 x 8 - inch (20 x 20 cm) pan. Bake in 350°F (180°C) oven for 40 to 50 minutes until an inserted toothpick comes out clean. Cut into 25 squares.

Pictured on page 53.

The trouble with big hearted cooks is that their hips are usually the same size.

CHOCOLATE FRUIT SQUARES

Time for a chocolate fruity bar that stays moist for days.

Butter or margarine	**½ cup**	**125 mL**
Cocoa	**¼ cup**	**50 mL**
All-purpose flour	**1 cup**	**250 mL**
Granulated sugar	**¼ cup**	**50 mL**
Eggs	**2**	**2**
Dates, chopped	**¾ cup**	**175 mL**
Candied cherries, chopped	**¾ cup**	**175 mL**
All-purpose flour	**1 tbsp.**	**15 mL**
Vanilla	**½ tsp.**	**2 mL**
Lemon juice	**1 tsp.**	**5 mL**

Bottom Layer: Crumble first 4 ingredients together in bowl. Press into ungreased 9 x 9 - inch (22 x 22 cm) pan. Bake in 350°F (180°C) oven for about 10 minutes.

Top Layer: Beat eggs slightly. Stir in dates, cherries, second amount of flour, vanilla and lemon juice. Mix well and pour over bottom layer. Bake in 350°F (180°C) oven for 20-25 minutes. Frost with vanilla butter icing. Cut into 36 squares.

ICING

Icing (confectioner's) sugar	**1½ cups**	**350 mL**
Butter or margarine	**3 tbsp.**	**50 mL**
Vanilla	**½ tsp.**	**2 mL**
Water or milk	**5 tsp.**	**25 mL**

Beat all together well. Adjust to spreading consistency with either more sugar or water. Spread over cooled fruit squares. Cut when set.

Pictured on page 53.

TWEED SQUARES

Now here is a really different look.

Butter or margarine	**½ cup**	**125 mL**
Granulated sugar	**⅔ cup**	**150 mL**
All-purpose flour	**1⅓ cups**	**375 mL**
Baking powder	**2 tsp.**	**10 mL**
Salt	**½ tsp.**	**2 mL**
Milk	**½ cup**	**125 mL**
Egg whites	**2**	**2**
Squares of semisweet chocolate, grated	**2**	**2**

Cream butter and sugar until blended. Combine flour, baking powder and salt. Add flour mixture and milk alternately to creamed mixture. Beat egg whites until stiff. Fold into batter. Fold in grated chocolate. Pour into greased 9 x 9 - inch (22 x 22 cm) pan. Bake in 350°F (180°C) oven for about 35 minutes. Cool and frost. Makes 36 squares.

ICING

Icing (confectioner's) sugar	**1½ cups**	**350 mL**
Butter or margarine	**3 tbsp.**	**50 mL**
Vanilla	**½ tsp.**	**2 mL**
Water	**5 tsp.**	**25 mL**
Semisweet chocolate squares	**2**	**2**
Butter or margarine	**1 tbsp.**	**15 mL**
Paraffin wax, size of marble		

Beat first 4 ingredients together in bowl, adjusting water as needed. Spread over cooled squares.

Melt next 3 ingredients in saucepan over low heat. Wax is to give chocolate some shine. It can be omitted if desired. Spread over white icing. Allow to set before cutting.

Pictured on page 53.

COCONUT LEMON BARS

For both a caramel and a lemon flavor, this is a winner. Richer than other lemon bars.

Butter or margarine	**½ cup**	**125 mL**
Brown sugar, packed	**½ cup**	**125 mL**
All-purpose flour	**1 cup**	**250 mL**
Eggs	**2**	**2**
Brown sugar, packed	**1 cup**	**225 mL**
Lemon juice	**2 tbsp.**	**30 mL**
Lemon rind, grated	**1 tsp.**	**5 mL**
Salt	**¼ tsp.**	**1 mL**
Chopped walnuts	**1 cup**	**225 mL**
Raisins, cut up	**½ cup**	**125 mL**
Shredded coconut	**1 cup**	**225 mL**

Bottom Layer: Combine first 3 ingredients together until mealy. Press into ungreased 9 x 9 - inch (22 x 22 cm) pan. Bake in 350°F (180°C) oven for about 10 minutes.

Second Layer: Beat eggs until frothy. Add rest of ingredients. Stir to mix. Pour over bottom layer. Bake in 350°F (180°C) oven for about 25 minutes or until golden brown. When slightly cooled, cut into 36 squares.

Pictured on page 105.

CONDENSED SQUARES

Condensed in more ways than one, especially in time needed to prepare for the oven.

Graham cracker crumbs	**1½ cups**	**375 mL**
Chopped walnuts	**1 cup**	**225 mL**
Flaked coconut	**1½ cups**	**375 mL**
Cocoa	**⅓ cup**	**75 mL**
Vanilla	**1 tsp.**	**1 mL**
Sweetened condensed milk	**10 oz.**	**284 mL**

Combine all ingredients in bowl. Mix well. Pack into greased 8 x 8-inch pan. Bake in 350°F oven for 30 to 35 minutes. Store covered. Cut into 25 squares.

Pictured on page 105.

MARMALADE BARS

This is a good way to use up that bottom of the jar of marmalade.

All-purpose flour	**2 cups**	**450 mL**
Brown sugar, packed	**¾ cup**	**175 mL**
Butter or margarine	**¾ cup**	**175 mL**
Salt	**⅛ tsp.**	**½ mL**
Orange rind, grated	**1**	**1**
Egg, beaten	**1**	**1**
Marmalade	**1 cup**	**225 mL**

Bottom Layer: Crumble first 6 ingredients together well. Press about ⅔ of the mixture into ungreased 9 x 9 - inch (22 x 22 cm) pan.

Spread with marmalade. Sprinkle with remaining crumbs. Press down slightly with your hand. Bake in 350°F (180°C) oven for 25 minutes or until golden brown.

ICING

If you used orange marmalade, use orange icing. If you used pineapple, substitute pineapple for the orange.

Icing (confectioner's) sugar	**1½ cups**	**350 mL**
Butter or margarine	**3 tbsp.**	**50 mL**
Orange marmalade	**2 tbsp.**	**30 mL**
Orange flavoring	**¼ tsp.**	**1 mL**

Beat all together in bowl. Add a bit of water if needed for easy spreading. Spread over cooled bars. When set cut into 36 squares.

Pictured on page 53.

RAISIN SQUARES

For a not too sweet square, this is a good choice.

Water	**½ cup**	**125 mL**
Raisins	**1 cup**	**250 mL**
Baking soda	**1 tsp.**	**5 mL**
Butter or margarine	**½ cup**	**125 mL**
Granulated sugar	**⅔ cup**	**150 mL**
Egg	**1**	**1**
Vanilla	**1 tsp.**	**5 mL**
All-purpose flour	**1⅓ cups**	**325 mL**
Baking powder	**1 tsp.**	**5 mL**
Salt	**⅛ tsp.**	**½ mL**

Bring water and raisins to a boil in saucepan. Remove from heat and stir in baking soda. Cool.

In mixing bowl cream butter with sugar. Add egg and vanilla. Beat. Stir in raisin mixture. Measure in flour, baking powder and salt. Mix and spread into greased 9 x 9 - inch (22 x 22 cm) pan. Bake in 350°F (180°C) oven for 35 to 40 minutes. Sift icing sugar over top when cool, if an added touch is required. Cut into 36 squares.

Pictured on page 105.

BAKED FRUIT ROLL

A very different touch. You do the shaping after the baking.

Eggs, beaten	**2**	**2**
Granulated sugar	**1 cup**	**225 mL**
Dates, chopped	**1 cup**	**225 mL**
Chopped walnuts	**1 cup**	**225 mL**
Shredded coconut	**1 cup**	**225 mL**
Vanilla	**1 tsp.**	**5 mL**
Almond flavoring	**¼ tsp.**	**1 mL**

Beat eggs in medium bowl until frothy. Add sugar slowly, beating as you add it. Beat until fluffy. Measure in the rest of the ingredients and mix well. Pour into ungreased 2-quart (2L) casserole. Bake in 350°F (180°C) oven for 30 minutes. Stir with spoon until cool enough to handle. Form into a roll. Coat with granulated sugar. Chill. Slice as needed.

Pictured on page 105.

PINEAPPLE FILLED BARS

There is a thick layer of pineapple which gives this its flavor and helps to keep it moist. Freezes well.

Brown sugar, packed	**1 cup**	**250 mL**
All-purpose flour	**1 cup**	**250 mL**
Butter or margarine	**½ cup**	**125 mL**
Salt	**⅛ tsp.**	**0.5 mL**
Shredded coconut	**1½ cups**	**300 mL**
Granulated sugar	**¾ cup**	**175 mL**
Lemon juice	**1 tbsp.**	**15 mL**
Crushed pineapple with juice	**1 cup**	**250 mL**
Butter or margarine	**1 tbsp.**	**15 mL**
Cornstarch	**3 tbsp.**	**50 mL**

Bottom Layer: Mix first 5 ingredients together until crumbly. Spread about ⅔ in greased 9 x 9 - inch (22 x 22 cm) pan. Set aside.

Filling: Stir next 5 ingredients together in saucepan. Bring to a boil while stirring over medium heat. Cool slightly. Spread over bottom layer. Cover with remaining crumbs pressing down with your hand. Bake in 350°F (180°C) oven for 25 minutes or until golden brown in color. Cut while warm into 36 squares.

Pictured on page 53.

EASY GRAHAM BARS

This is another quick and easy square.

Graham cracker crumbs	**3 cups**	**750 mL**
Evaporated milk	**1 cup**	**250 mL**
Granulated sugar	**1 cup**	**250 mL**
Butter or margarine	**¼ cup**	**75 mL**
Vanilla	**1 tsp.**	**5 mL**
Chopped walnuts	**½ cup**	**125 mL**
Semisweet chocolate chips	**1 cup**	**250 mL**

Measure all ingredients into bowl. Mix well. Spread in greased 9 x 9 - inch pan. Bake in 350°F (180°C) for 35 minutes or until set. Cool and cut into 36 squares.

Pictured on page 105.

ORANGE SQUARES

You will need a food chopper for this one. It isn't the same without it.

Medium orange	**1**	**1**
Raisins	**1 cup**	**250 mL**
Butter or margarine	**½ cup**	**125 mL**
Granulated sugar	**1 cup**	**250 mL**
Egg	**1**	**1**
All-purpose flour	**2 cups**	**500 mL**
Baking powder	**½ tsp.**	**3 mL**
Salt	**¼ tsp.**	**1 mL**

Cut unpeeled orange into quarters. Squeeze 2 tbsp. (30 mL) of juice into cup and set aside for glaze. Put orange pieces and raisins through food chopper.

Cream butter and sugar together. Add egg and beat well. Add flour, baking powder and salt. Stir in raisin mixture. Spread in greased 9 x 13 - inch (22 x 33 cm) pan. Bake in 350°F (180°C) oven for about 25 minutes. Spread with glaze while still warm.

GLAZE

Reserved orange juice	**2 tbsp.**	**30 mL**
Icing (confectioner's) sugar	**1½ cups**	**350 mL**

Mix together well and spread on squares that are still warm from baking. Allow to set before cutting. Yields 54 squares.

Pictured on page 105.

Next time you buy cookies from the Girl Guides, eat them without fear. Everyone knows that charity doesn't count.

POTATO CHIP BARS

Potato chips make this a favorite for kids.

Butter	**½ cup**	**125 mL**
Margarine	**½ cup**	**125 mL**
Granulated sugar	**½ cup**	**125 mL**
Vanilla	**1 tsp.**	**5 mL**
All-purpose flour	**2 cups**	**500 mL**
Potato chips, well-crushed	**1 cup**	**250 mL**
Walnuts, finely chopped	**½ cup**	**125 mL**

Cream butter, margarine and sugar. Add vanilla and flour. Mix well. Add potato chips and nuts. Pat into 9 x 9 - inch (22 x 22 cm) greased pan. Bake in 350°F (180°C) oven for 15 minutes. Cut before cooled too much. Makes 36 squares.

Pictured on page 53.

1. Chewy Nut Bars page 108
2. Chocolate Orange Drops page 94
3. Butter Tart Bars page 138
4. Butterscotch Toffee Bars page 132
5. Peanut Butter Bars page 82
6. Brownies page 134
7. Mystery Cake page 144
8. Lemon Smacks page 136
9. Raisin Spice Bars page 145
10. Chocolate Smacks page 143
11. Apricot Chews page 139
12. Caramel Shortbread page 129
13. Lemon Mardi Gras page 137
14. Chocolate Peppermint Slice page 126
15. Baked Fruit Roll page 101
16. Cranberry Squares page 111
17. Lemon Slice page 48
18. Cinnamon Bars page 130
19. Walnut Bars page 141
20. Chocolate Coconut Melts page 128
21. Grant's Special page 117
22. Lemon Graham Slice page 128
23. Ginger Bar page 120
24. Sesame Squares page 135
25. Bikini Bars page 131
26. Caramel Toffee Squares page 133
27. Chip Crumbles page 82
28. Chinese Chews page 119
29. Australian Honey Bars page 95
30. Raspberry Smacks page 115
31. Chewy Candy Bars page 113
32. Nut Smacks page 127
33. Mystery Cake page 144
34. Magic Bars page 122
35. Swirl Squares page 125
36. Frieda's Number 89 page 107
37. Five-Cup Slice page 78
38. Orange Date Bars page 116
39. Coconut Lemon Bars page 99
40. Condensed Squares page 99
41. Easy Graham Bars page 102
42. Three Layer Slice page 109
43. Raisin Squares page 101
44. Orange Squares page 103
45. Lemon Squares page 114
46. Caramel Slice page 65
47. Lemon Crumb Squares page 118
48. Chocolate Chip Squares page 121
49. Orange Coconut Chews page 112
50. Marshmallow Squares page 110

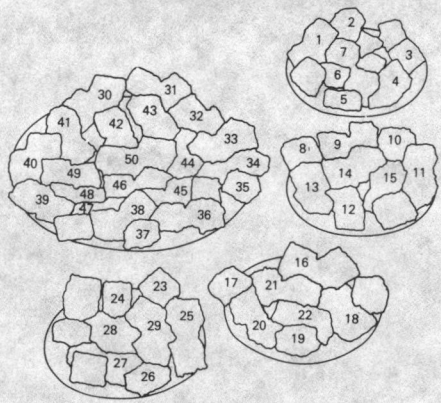

FRIEDA'S NUMBER 89

A cranberry spice bar that tastes like your favorite apple spice pudding. It freezes really well, only needs 10 minutes thawing time. Excellent!

Butter or margarine	**¼ cup**	**50 mL**
Brown sugar, packed	**½ cup**	**125 mL**
Granulated sugar	**½ cup**	**125 mL**
Egg	**1**	**1**
Vanilla	**1 tsp.**	**5 mL**
Dairy sour cream	**¼ cup**	**50 mL**
All-purpose flour	**1 cup**	**250 mL**
Baking powder	**1 tsp.**	**5 mL**
Salt	**¼ tsp.**	**1 mL**
Cinnamon	**¼ tsp.**	**1 mL**
Fresh or frozen cranberries, coarsely chopped	**½ cup**	**125 mL**
Chopped walnuts	**½ cup**	**125 mL**
Apples, pared, coarsely chopped	**½ cup**	**125 mL**
Granulated sugar	**1 tbsp.**	**15 mL**
Cinnamon	**½ tsp.**	**2 mL**

Beat butter, sugars and egg together in medium bowl. Add vanilla and sour cream. Mix. Stir in flour, baking powder, salt and cinnamon. Add cranberries, nuts and apples. Mix well. Spread in greased 9 x 9 - inch (22 x 22 cm) pan. Sprinkle with topping before baking.

Topping: Mix last 2 ingredients together. Sprinkle over batter in pan. Bake in 350°F (180°C) oven for 30 minutes or until sides begin to cook away from edge of pan. Cuts into 36 squares.

Pictured on page 105.

CHEWY NUT BARS

These have a caramel flavor combined with the chocolate of the chips. Chewy.

Butter or margarine	**¼ cup**	**50 mL**
Brown sugar, packed	**1 cup**	**225 mL**
Vanilla	**½ tsp.**	**2 mL**
Egg	**1**	**1**
All-purpose flour	**¾ cup**	**175 mL**
Baking powder	**1 tsp.**	**5 mL**
Salt	**¼ tsp.**	**1 mL**
Walnuts, finely chopped	**½ cup**	**125 mL**
Semisweet chocolate chips	**½ cup**	**125 mL**

Melt butter in large saucepan. Remove from heat. Stir in sugar and vanilla. Add egg. Beat until well blended. Measure in flour, baking powder and salt. Stir. Scrape into greased 8 x 8 - inch (20 x 20 cm) pan.

Sprinkle nuts and chips over top. Press with hand to ensure sticking. Bake in 350°F (180°C) oven for 30 to 40 minutes until set in center. Cool. Cut into 25 squares. Good with frosting below.

ICING

Butter or margarine	**3 tbsp.**	**50 mL**
Brown sugar, packed	**⅓ cup**	**75 mL**
Milk	**5 tsp.**	**25 mL**
Icing (confectioner's) sugar	**1 cup**	**250 mL**

Put butter, brown sugar and milk in saucepan. Bring to boil and simmer 2 minutes. Cool. Stir in icing sugar. Add more icing sugar, if needed to thicken, or add more milk if too thick for easy spreading. Smooth over squares.

Pictured on page 105.

THREE LAYER SLICE

The third layer completes this square by forming an icing or a topping. Nothing more is needed after baking.

All-purpose flour	**2 cups**	**450 mL**
Butter or margarine	**½ cup**	**125 mL**
Granulated sugar	**3 tbsp.**	**50 mL**
Salt	**½ tsp.**	**2 mL**
Brown sugar, packed	**1 cup**	**225 mL**
Butter or margarine	**¼ cup**	**50 mL**
Egg yolks	**3**	**3**
Milk	**½ cup**	**125 mL**
Vanilla	**1 tsp.**	**5 mL**
Raisins	**1 cup**	**225 mL**
All-purpose flour	**¾ cup**	**175 mL**
Baking powder	**1 tbsp.**	**15 mL**
Brown sugar, packed	**1 cup**	**225 mL**
Egg whites, unbeaten	**3**	**3**
Coconut	**1 cup**	**225 mL**
Vanilla	**1 tsp.**	**5 mL**

First Layer: Crumble first 4 ingredients in bowl. Press firmly into ungreased 9 x 13 - inch (22 x 33 cm) pan. Bake in 350°F (180°C) for 15 minutes.

Second Layer: Measure next 8 ingredients into bowl. Mix well. Pour over first layer. Continue to bake for 25 minutes.

Third Layer: Measure last 4 ingredients into bowl. Stir to blend together. Spread over second layer. Return to oven for about 15 minutes. Cool and cut into 54 squares.

Pictured on page 105.

MARSHMALLOW SQUARES

The flavor and texture of this is delicious. They are among the first to disappear on a plate of dainties.

All-purpose flour	**1½ cups**	**350 mL**
Brown sugar, packed	**⅓ cup**	**75 mL**
Butter	**¾ cup**	**175 mL**
Cold water	**¾ cup**	**175 mL**
Unflavored gelatin powder	**¼ oz.**	**7 g**
Granulated sugar	**¾ cup**	**175 mL**
Salt	**⅛ tsp.**	**0.5 mL**
Icing (confectioner's) sugar	**¾ cup**	**175 mL**
Baking powder	**¾ tsp.**	**3 mL**
Vanilla	**½ tsp.**	**2 mL**
Almond flavoring	**½ tsp.**	**2 mL**
Red food coloring		

First Layer: Combine first 3 ingredients together. Mix to crumble. Press into ungreased 9 x 9 - inch (22 x 22 cm) pan. Bake in 325°F (160°C) oven for 20 minutes until set and golden. Cool.

Second Layer: Put water in saucepan. Sprinkle gelatin over and let stand for 5 minutes. Add granulated sugar and salt. Heat over medium heat stirring to dissolve gelatin and sugar. Remove from heat. Stir in icing sugar. Cool. When cool, beat until foamy. Add baking powder, vanilla and almond. Add food coloring to tint a pretty pink. Beat at high speed until thick enough to stand in peaks. Pour soft pink mixture over shortbread base. Cool until gloss disappears. Additions to be tried if you care to — ½ cup (125 mL) chopped cherries and/or ½ cup (125 mL) toasted chopped almonds. Cut into 36 pretty squares.

Pictured on page 105.

CRANBERRY SQUARES

A pretty square. It tastes as good as it looks

All-purpose flour	**1½ cups**	**350 mL**
Brown sugar, packed	**½ cup**	**125 mL**
Butter or margarine	**½ cup**	**125 mL**
Salt	**⅛ tsp.**	**0.5 mL**
Eggs, beaten	**2**	**2**
Granulated sugar	**1 cup**	**225 mL**
Salt	**¼ tsp.**	**1 mL**
All-purpose flour	**⅓ cup**	**75 mL**
Baking powder	**1 tsp.**	**5 mL**
Raisins, chopped a bit	**½ cup**	**125 mL**
Coconut	**½ cup**	**125 mL**
Whole cranberry sauce, drained slightly	**¾ cup**	**175 mL**

Bottom Layer: Measure first 4 ingredients into large bowl. Mix until crumbly. Press in 8 x 8 - inch (20 x 20 cm) pan. Bake in 350°F (180°C) oven for 10 minutes.

Top Layer: Beat the eggs in same bowl. Add the remaining ingredients. Mix together well. Spread over bottom layer. Bake in 350°F (180°C) oven for 25 to 30 minutes until firm in center. Cut when cool. Will be chewy. Frost or not — your choice. Cuts into 25 squares.

ICING

Icing (confectioner's) sugar	**1½ cups**	**350 mL**
Butter or margarine	**3 tbsp.**	**50 mL**
Water or milk	**5 tsp.**	**25 mL**
Vanilla	**½ tsp.**	**2 mL**

Beat all together in small bowl adding more liquid if needed for easy spreading. Frost cooled bars.

Pictured on page 105.

ORANGE COCONUT CHEWS

A chewy moist square with just a hint of orange.

Butter or margarine	**¼ cup**	**50 mL**
Brown sugar, packed	**1 cup**	**225 mL**
Egg	**1**	**1**
Vanilla	**1 tsp.**	**5 mL**
Orange rind, grated	**2 tsp.**	**10 mL**
All-purpose flour	**½ cup**	**125 mL**
Salt	**½ tsp.**	**2 mL**
Baking powder	**1 tsp.**	**5 mL**
Coconut	**1 cup**	**225 mL**
Dates, chopped	**1 cup**	**225 mL**

Melt butter in large saucepan. Remove from heat and mix in sugar, egg, vanilla and orange rind. Add flour, salt, baking powder, coconut and dates. Stir well, Pack in greased 8 x 8 - inch (20 x 20 cm) pan. Bake in 350°F (180°C) oven for 30 minutes. Cool and frost. Makes 25 squares.

ICING

Icing (confectioner's) sugar	**1½ cups**	**350 mL**
Butter or margarine	**2 tbsp.**	**30 mL**
Concentrated orange juice	**5 tsp.**	**25 mL**

Beat all together in bowl. If icing is too soft add more icing sugar or if too firm add more juice, a wee bit at a time. Spread over chews.

Pictured on page 105.

Go ahead and eat all those goodies. No point in looking like a dream. You will just give someone insomnia!

CHEWY CANDY BARS

For an extra rich treat, this chewy square fills the bill.

Butter or margarine	**½ cup**	**125 mL**
Brown sugar, packed	**1 cup**	**225 mL**
Egg	**1**	**1**
Vanilla	**½ tsp.**	**2 mL**
All-purpose flour	**¾ cup**	**175 mL**
Baking soda	**½ tsp.**	**2 mL**
Salt	**½ tsp.**	**2 mL**
Quick-cooking rolled oats	**1 cup**	**250 mL**
Sweetened condensed milk	**⅔ cup**	**150 mL**
Cream cheese	**4 oz.**	**125 g**
Vanilla	**½ tsp.**	**2 mL**
Walnuts, finely chopped	**½ cup**	**125 mL**

Bottom Layer: Beat together butter, sugar, egg and first amount of vanilla in a bowl. Add flour, soda, salt and oats. Mix well. Pack into greased 9 x 9 - inch (22 x 22 cm) pan. Set aside.

Beat milk, cream cheese and second amount of vanilla together well. Reserve 3 tablespoons (50 mL) for icing. Spread remainder over bottom layer. Sprinkle nuts over top. Bake in 350°F (180°C) oven for 25 minutes until set. Frost while hot.

ICING

Reserved milk mixture	**3 tbsp.**	**50 mL**
Semisweet chocolate chips	**⅓ cup**	**75 mL**
Milk	**4 tsp.**	**20 mL**

Melt the milk mixture and chips in a small saucepan over low heat. Add milk, 1 teaspoon (5 mL) at a time until mixture will pour from spoon in a drizzle. Drizzle or spread icing over hot bars as soon as they come from the oven. Cool. Cut 36 squares.

Pictured on page 105.

LEMON SQUARES

A simple recipe. Lemon lovers can easily vary the amount of lemon that is added.

All-purpose flour	**1½ cups**	**350 mL**
Granulated sugar	**¼ cup**	**50 mL**
Butter or margarine	**½ cup**	**125 mL**
Eggs	**2**	**2**
Lemon juice	**3 tbsp.**	**50 mL**
Granulated sugar	**1 cup**	**225 mL**
All-purpose flour	**2 tbsp.**	**30 mL**
Baking powder	**½ tsp.**	**2 mL**
Coconut	**1 cup**	**225 mL**
Salt	**¼ tsp.**	**1 mL**

First Layer: Crumble first 3 ingredients until mealy. Press into ungreased 9 x 9 - inch (22 x 22 cm) pan. Bake in 350°F (180°C) oven for 10 minutes.

Second Layer: Beat eggs slightly. Stir in remaining 6 ingredients. Spread over first layer. Bake in 350°F (180°C) oven for 20 to 30 minutes until set in center and light brown in color. Cool and frost.

ICING

Icing (confectioner's) sugar	**1½ cups**	**350 mL**
Butter or margarine	**2 tbsp.**	**30 mL**
Lemon juice	**4 tsp.**	**20 mL**

Combine all together in small bowl. Beat well, adding more lemon juice a bit at a time as needed for easy spreading. Spread over cooled bars. Allow to set. Cut 36 squares.

Pictured on page 104.

RASPBERRY SMACKS

A rich, sticky square for special company.

All-purpose flour	**1½ cups**	**350 mL**
Brown sugar, packed	**½ cup**	**125 mL**
Butter or margarine	**½ cup**	**125 mL**
Baking powder	**1 tsp.**	**5 mL**
Salt	**¼ tsp.**	**1 mL**
Egg yolks	**2**	**2**
Vanilla	**1 tsp.**	**5 mL**
Raspberry jam (or use less)	**1 cup**	**225 mL**
Egg whites	**2**	**2**
Brown sugar, packed	**1 cup**	**225 mL**
Chopped walnuts (optional)	**½ cup**	**125 mL**

Bottom Layer: Crumble first 7 ingredients together until mealy. Press into ungreased 9 x 9 - inch (22 x 22 cm) pan.

Filling: Carefully spread jam over bottom layer.

Top Layer: Beat egg whites until frothy. Add second amount of brown sugar ⅓ at a time beating until stiff. Add nuts if you plan to use them. Spoon over jam layer. Bake in 350°F (180°C) oven for 25 minutes until golden. Cut when cool, with sharp knife dipped in hot water between each cut. Makes 36 squares.

Pictured on page 104.

Anything consumed while suffering a cold doesn't count. If you can't taste it you can't absorb it.

ORANGE DATE BARS

The dates keep these moist as well as lending their special flavor.

Butter or margarine, melted	**½ cup**	**125 mL**
Granulated sugar	**½ cup**	**125 mL**
Orange rind, grated	**1 tsp.**	**5 mL**
Orange juice	**3 tbsp.**	**50 mL**
Egg	**1**	**1**
All-purpose flour	**1 cup**	**250 mL**
Baking soda	**½ tsp.**	**2 mL**
Chopped walnuts	**½ cup**	**125 mL**
Dates, chopped	**½ cup**	**125 mL**

Combine melted butter with sugar, orange peel, and juice in bowl. Blend well. Add egg and beat. Mix flour and soda together first then stir into batter. Add nuts and dates. Stir to mix. Spread in greased 9 x 9 - inch (22 x 22 cm) pan. Bake in 350°F (180°C) oven for 20 to 25 minutes, being careful not to overbake. Cool. Frost with orange icing.

ICING

Icing (confectioner's) sugar	**1½ cups**	**350 mL**
Butter or margarine	**2 tbsp.**	**30 mL**
Orange rind, grated (optional)	**1 tsp.**	**5 mL**
Orange juice	**5 tsp.**	**25 mL**

Beat all together in bowl. Add more orange juice by drops if icing is too firm for easy spreading. Spread over bars. Cut into 36 squares.

Pictured on page 105.

Healthy size snacks taken at bedtime are really medication. Would you rather live on sleeping pills? Calorie count of zero.

GRANT'S SPECIAL

Otherwise known as Seafoam Chews. His friend's mother made this "really good square" so what else could I do?

Butter or margarine	**½ cup**	**125 mL**
Granulated sugar	**½ cup**	**125 mL**
Brown sugar, packed	**½ cup**	**125 mL**
All-purpose flour	**2 cups**	**500 mL**
Baking powder	**2 tsp.**	**10 mL**
Salt	**½ tsp.**	**2 mL**
Baking soda	**1 tsp.**	**5 mL**
Egg yolks	**2**	**2**
Milk	**3 tbsp.**	**50 mL**
Vanilla	**1 tsp.**	**5 mL**
Semisweet chocolate chips	**1 cup**	**225 mL**
Egg whites	**2**	**2**
Brown sugar, packed	**1 cup**	**225 mL**
Salted peanuts, chopped	**¾ cup**	**175 mL**

First Layer: Measure first 10 ingredients into large bowl. Crumble together well. Press into ungreased 9 x 9 - inch (22 x 22 cm) pan at least 2 inches (5 cm) deep. This is a higher square than most.

Second Layer: Sprinkle chips over top of first layer.

Third Layer: Beat egg whites until frothy. Add second amount of sugar ⅓ at a time, beating until stiff. Spread over top of chips.

Fourth Layer: Sprinkle peanuts over top of the beaten white, pressing lightly as they tend to fall off when baked. Bake in 350°F (180°C) oven for 35 minutes. Cool. Cover to soften meringue for easy cutting into 36 squares.

Pictured on page 105.

LEMON CRUMB SQUARES

The cracker crumbs in the bottom layer give this a different twist. It is excellent even though it takes a bit more time than some others to prepare.

Graham cracker crumbs	**1¾ cups**	**400 mL**
Granulated sugar	**½ cup**	**125 mL**
Butter or margarine	**¾ cup**	**175 mL**
All-purpose flour	**¾ cup**	**175 mL**
Coconut	**½ cup**	**125 mL**
Granulated sugar	**½ cup**	**125 mL**
Egg	**1**	**1**
Lemon, rind and juice	**1**	**1**
Fine coconut	**½ cup**	**125 mL**

Bottom Layer: Combine first 5 ingredients in large bowl. Work together until crumbly. Press just over ½ of mixture into ungreased 9 x 9 - inch (22 x 22 cm) pan. Set aside.

Filling: In double boiler put second amount of sugar, egg, grated rind, juice and coconut. Cook and stir over boiling water until thickened. Pour filling over bottom layer. Spread reserved crumbs over filling. Press slightly with hand. Bake in 350°F (180°C) for 25 to 30 minutes until set. Cut into 36 squares when cool.

Pictured on page 105.

Did you know that sampling a square or two before company comes (to see if it is all right to serve), doesn't count on your diet?

CHINESE CHEWS

Tradition has it that each "chew" be rolled in icing sugar. It is just as good with the sugar sifted over top, thereby saving all that individual handling. This recipe uses white sugar instead of brown.

Granulated sugar	**1 cup**	**225 mL**
Dates, chopped	**1 cup**	**225 mL**
Baking powder	**1 tsp.**	**5 mL**
Salt	**¼ tsp.**	**1 mL**
Chopped walnuts	**½ cup**	**125 mL**
All-purpose flour	**¾ cup**	**175 mL**
Eggs, well-beaten	**2**	**2**

Mix first 6 ingredients together in bowl.

Beat eggs in small bowl until light and thickened. Pour over dry mixture and stir until well moistened. Scrape batter into greased 9 x 9 - inch (22 x 22 cm) pan. Bake in 350°F (180°C) oven for about 35 minutes. Cut into small squares and roll in icing sugar while still warm or, cool and sift icing sugar over top before cutting into 36 squares.

Pictured on page 105.

If you are on an expense account, then you must order extra desserts while you have the chance. They are tax deductions, not diet wreckers.

GINGER BAR

One of the few squares that has this flavor. Try them. Not a speck of ginger in them.

Butter or margarine	**½ cup**	**125 mL**
Brown sugar, packed	**½ cup**	**125 mL**
Egg	**1**	**1**
Molasses	**½ cup**	**125 mL**
Milk	**½ cup**	**125 mL**
Raisins, chopped	**½ cup**	**125 mL**
Vanilla	**½ tsp.**	**2 mL**
All-purpose flour	**2 cups**	**500 mL**
Salt	**¼ tsp.**	**1 mL**
Baking powder	**1½ tsp.**	**7 mL**
Chopped walnuts	**½ cup**	**125 mL**

Beat butter, sugar and egg in bowl. Add molasses and stir. Stir in milk, raisins, vanilla and dry ingredients including nuts. Spread in greased 9 x 9 - inch (22 x 22 cm) pan. Bake in 350°F (180°C) oven for about 30 minutes. Frost while still warm, to give a shine to the icing.

ICING

Icing (confectioner's) sugar	**1½ cups**	**350 mL**
Butter or margarine	**3 tbsp.**	**50 mL**
Vanilla	**½ tsp.**	**2 mL**
Water or milk	**5 tsp.**	**25 mL**

Beat together well, adding a bit more liquid if needed. Spread over warm bars. Let set. Cut into 36 squares.

Pictured on page 105.

CHOCOLATE CHIP SQUARES

This is a moist, caramel-tasting square, with the chocolate flavor giving it the extra touch.

Butter or margarine	**½ cup**	**125 mL**
Brown sugar, packed	**½ cup**	**125 mL**
Granulated sugar	**¼ cup**	**50 mL**
Egg	**1**	**1**
Vanilla	**1 tsp.**	**5 mL**
All-purpose flour	**1 cup**	**250 mL**
Baking soda	**½ tsp.**	**3 mL**
Salt	**½ tsp.**	**2 mL**
Semisweet chocolate chips	**1 cup**	**225 mL**
Chopped walnuts	**½ cup**	**125 mL**

In medium-size bowl, cream butter with brown sugar. Add white sugar and cream again. Add egg and vanilla and beat well. Measure in flour, soda and salt. Stir until well blended. Add chips and nuts stirring to combine. Scrape into greased 9 x 9 - inch (22 x 22 cm) pan. Bake in 350°F (180°C) oven for 25 to 30 minutes until set and a nice brown color. When cool cut into 36 squares.

Pictured on page 105.

The horse is such a respected, noble animal. So if you eat like one, why would you be any different?

MAGIC BARS

Nothing could be more simple and orderly.

Butter or margarine	**½ cup**	**125 mL**
Graham cracker crumbs	**1½ cups**	**375 mL**
Sweetened condensed milk	**10 oz.**	**284 mL**
Semisweet chocolate chips	**1 cup**	**250 mL**
Flaked coconut	**1⅓ cups**	**250 mL**
Chopped walnuts	**1 cup**	**225 mL**

In 9 x 13 - inch (22 x 33 cm) pan, melt butter. Sprinkle crumbs over butter in pan. Carefully spread milk over top trying to get it as even as possible. Sprinkle chips over top, followed by coconut then nuts. With your hand, press down slightly all over. Bake in 350°F (180°C) oven for 25 to 30 minutes or until lightly browned. Cut when cool. Cuts into 54 squares. Since this is a very thin bar it can be cut into 40 large squares.

Note: An equal amount of butterscotch chips can be added along with the chocolate for an extra special taste treat.

Pictured on page 105.

1. Chocolate Crisps page 10
2. Jellied Marshmallows page 26
3. Chocolate Oh Henry Squares page 42
4. Oh Henry Bars page 44
5. Puffed Wheat Squares page 26
6. S'Mores page 10
7. Chocolate Confetti page 28
8. Midnight Mints page 13
9. Rice Krispies page 9

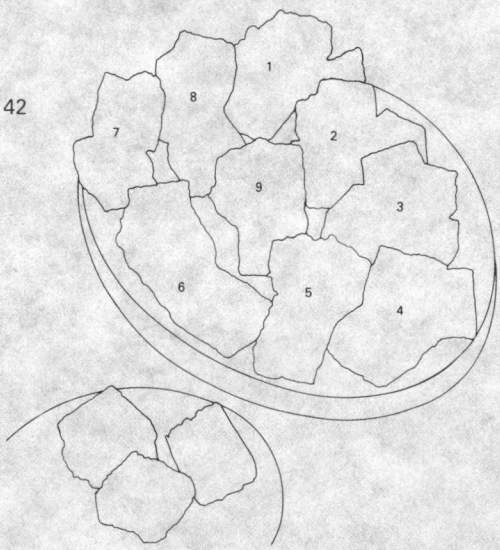

OUTSPAN

SWIRL SQUARES

No need to ice these. The swirl is made with the help of chocolate chips.

Butter or margarine	**½ cup**	**125 mL**
Sugar, ½ brown, ½ granulated	**¾ cup**	**175 mL**
Vanilla	**½ tsp.**	**2 mL**
Egg	**1**	**1**
All-purpose flour	**1⅛ cups**	**250 mL**
Baking soda	**½ tsp.**	**3 mL**
Salt	**½ tsp.**	**2 mL**
Chopped walnuts	**½ cup**	**125 mL**
Semisweet chocolate chips	**1 cup**	**225 mL**

In a large bowl, measure butter, sugar, vanilla and egg. Beat together until blended. Stir in flour, soda, salt and nuts. Spread in greased 9 x 9 - inch (22 x 22 cm) pan.

Sprinkle chocolate chips evenly over top. Bake in 375°F (190°C) oven for 1 to 2 minutes until chips are soft enough to marble. Run knife through batter to obtain a marble effect. Continue to bake for about 20 minutes more, until firm and tests done with toothpick. Cool and cut into 36 squares.

Pictured on page 105.

If you take your coffee without cream and sugar, any doughnuts you consume with it won't have a calorie in them.

CHOCOLATE PEPPERMINT SLICE

A nice surprise is the mint layer that you can barely see. It goes so well with the chocolate.

All-purpose flour	**1½ cups**	**350 mL**
Brown sugar, packed	**½ cup**	**125 mL**
Butter or margarine	**¾ cup**	**175 mL**
Medium-grind coconut	**1½ cups**	**350 mL**
Butter or margarine	**2 tbsp.**	**30 mL**
Milk	**2 tbsp.**	**30 mL**
Icing sugar	**1½ cups**	**350 mL**
Peppermint flavoring	**½ tsp.**	**2 mL**
Butter or margarine	**6 tbsp.**	**100 mL**
Chocolate drink powder	**½ cup**	**125 mL**

Bottom Layer: Crumble first 4 ingredients together. Press into ungreased 9 x 9 - inch (22 x 22 cm) pan. Bake in 350°F (180°C) oven for 20 minutes. Cool completely.

Filling: Combine next 4 ingredients together in bowl. Beat well. Spread over cooled bottom layer.

Top Layer: Melt last amount of butter in small saucepan over low heat. Add chocolate powder and stir. Remove from heat. Cool slightly and pour over filling in pan. Spread smooth to cover. If it is too hot, it will melt the peppermint layer, making it impossible to cover. Allow to set. Cut into 36 squares.

Pictured on page 105.

At your next coffee party anything consumed while your mind is busy with other things, guests, coats, etc. cannot be absorbed.

NUT SMACKS

Butterscotch flavor, rich with nuts and brown sugar.

Brown sugar, packed	**½ cup**	**125 mL**
Egg yolks	**2**	**2**
Vanilla	**1 tsp.**	**5 mL**
Butter or margarine	**½ cup**	**125 mL**
Salt	**¼ tsp.**	**1 mL**
All-purpose flour	**1½ cups**	**350 mL**
Baking powder	**1 tsp.**	**5 mL**
Egg whites	**2**	**2**
Brown sugar, packed	**1 cup**	**225 mL**
Chopped walnuts	**1 cup**	**225 mL**

First Layer: Crumble first 7 ingredients together well in large bowl. Press firmly into 9 x 9 - inch (22 x 22 cm) ungreased pan. Set aside.

Second Layer: Beat egg whites until frothy. Add second amount of brown sugar ⅓ at a time, beating until stiff. Fold in nuts. Spoon over unbaked base, spreading evenly. Bake in 350°F (180°C) oven for about 25 minutes until golden. Cool. Cut with sharp knife, dipped in hot water between cuts. Covering pan allows meringue to soften for easier cutting. Makes 36 squares.

Pictured on page 105.

Any food eaten during an intimate candlelight meal, doesn't contain calories. It can't be starch, it's seduction.

LEMON GRAHAM SLICE

This one is for lemon lovers with its exceptionally lemony flavor.

Graham cracker crumbs	**1½ cups**	**350 mL**
Brown sugar, packed	**⅓ cup**	**75 mL**
Baking powder	**½ tsp.**	**2 mL**
Salt	**⅛ tsp.**	**0.5 mL**
Butter or margarine	**½ cup**	**125 mL**
Sweetened condensed milk	**10 oz.**	**284 mL**
Lemon juice	**½ cup**	**125 mL**
Vanilla	**1 tsp.**	**5 mL**

Bottom Layer: Crumble first 5 ingredients together well and pack into 9 x 9 - inch (22 x 22 cm) ungreased pan. Set aside.

Top Layer: Combine milk, lemon juice and vanilla in bowl and stir. Spread over bottom layer. Bake in 350°F (180°C) oven for 20 to 25 minutes. Cool and cut into 36 squares.

Pictured on page 105.

CHOCOLATE COCONUT MELTS

And it does melt in your mouth.

Sweetened condensed milk	**10 oz.**	**284 mL**
Unsweetened chocolate squares	**2**	**2**
Salt	**¼ tsp.**	**1 mL**
Flaked coconut	**2⅔ cup**	**600 mL**
Vanilla	**1 tsp.**	**5 mL**

In heavy pot or in top of double boiler over hot water, combine condensed milk, chocolate and salt. Stir every once in awhile as the chocolate melts. When melted and thickened, remove from heat.

Add coconut and vanilla. Stir to blend. Scrape into greased 8 x 8 - inch (20 x 20 cm) pan. Bake in 350°F (180°C) oven for 20 minutes until set. Cool. Cut into 25 squares.

Pictured on page 105.

CARAMEL SHORTBREAD

An upside down toffee-like confection.

All-purpose flour	**1 cup**	**250 mL**
Icing (confectioner's) sugar	**½ cup**	**125 mL**
Butter or margarine	**½ cup**	**125 mL**
Butter or margarine	**½ cup**	**125 mL**
Corn syrup (dark)	**¼ cup**	**50 mL**
Brown sugar, packed (dark is best)	**½ cup**	**125 mL**
Unflavored gelatin	**1 tsp.**	**5 mL**
Sweetened condensed milk	**⅔ cup**	**150 mL**

First Layer: Measure first 3 ingredients into bowl. Crumble together well. Press in ungreased 8 x 8 - inch (20 x 20 cm) pan. Bake in 350°F (180°C) oven for 20 to 25 minutes. Cool.

Second Layer: Melt the second amount of butter and corn syrup in heavy saucepan. Measure sugar in cup. Stir in gelatin to mix thoroughly. Add to saucepan stirring to dissolve. Add condensed milk. Stir, bringing to a boil. Boil 4 minutes stirring constantly. It burns very easily when boiling. Remove from heat. Beat with spoon until it thickens and gets blobby. You will need to take a moment's rest now and then as you beat. Pour over first layer. Chill overnight. Invert on plastic wrap. This makes it much easier to cut through to the bottom. Cut into 25 squares.

Pictured on page 105.

Play it safe. Take your "just desserts" now. That way you get to have a choice!

CINNAMON BARS

Make a spicy bar for a change.

All-purpose flour	**1½ cups**	**350 mL**
Granulated sugar	**⅓ cup**	**75 mL**
Cinnamon	**1½ tsp.**	**7 mL**
Baking powder	**½ tsp.**	**2 mL**
Salt	**⅛ tsp.**	**0.5 mL**
Butter or margarine	**½ cup**	**125 mL**
Egg yolk	**1**	**1**
Egg white	**1**	**1**
Granulated sugar	**½ cup**	**125 mL**
Chopped walnuts	**½ cup**	**125 mL**

Bottom Layer: Measure first 7 ingredients into bowl. Crumble well. Press into 8 x 8 - inch (20 x 20 cm) ungreased pan. Set aside.

Top Layer: Beat egg white until frothy. Add the second amount of sugar gradually while continuing to beat until stiff. Fold in nuts. Spread over first layer. Bake in 350°F (180°C) oven for about 25 minutes until golden.

ICING

Butter or margarine	**¼ cup**	**50 mL**
Brown sugar, packed	**½ cup**	**125 mL**
Milk	**2 tbsp.**	**30 mL**
Icing (confectioner's) sugar	**1 cup**	**250 mL**

Put butter, brown sugar and milk in saucepan. Bring to boil over medium heat. Simmer gently 2 minutes. Remove from heat. Cool to lukewarm. Stir in icing sugar, adding more if too soft or adding more milk, if too stiff to spread. Smooth over bars. Let set. Cut into 25 squares. These are shown in photo with vanilla glaze.

Pictured on page 105.

BIKINI BARS

Almost everybody's choice when given their pick of the lot.

Sweetened condensed milk	**⅔ cup**	**150 mL**
Medium-grind coconut	**2½ cups**	**575 mL**
Vanilla	**1 tsp.**	**5 mL**
Salt	**⅛ tsp.**	**0.5 mL**
Chopped walnuts	**½ cup**	**125 mL**
Dates, chopped	**2 cups**	**450 mL**
Maraschino cherries, well-drained and cut up	**¼ cup**	**50 mL**

Measure all ingredients into large bowl in order given. Stir well to combine. Spread in greased 9 x 9 - inch (22 x 22 cm) pan. Bake in 350°F (180°C) oven for 30 minutes. Cool before spreading with butter icing followed by a drizzle of melted chocolate.

ICING

Icing (confectioner's) sugar	**1½ cups**	**350 mL**
Butter or margarine	**3 tbsp.**	**50 mL**
Vanilla	**½ tsp.**	**2 mL**
Water or milk	**5 tsp.**	**25 mL**

Beat all together well in small bowl, adjusting liquid as needed for proper spreading consistency. Spread over cooled bars.

DRIZZLE

Square of unsweetened chocolate	**1**	**1**

Break up square of chocolate in small pan. Melt over low heat or set in pan of hot water. Stir to hasten melting. Drizzle by teaspoon over iced bars. Cut, when set, into 36 squares.

Pictured on page 105.

BUTTERSCOTCH TOFFEE BARS

Melted candy bar is the secret to the toffee layer.

All-purpose flour	**1 cup**	**250 mL**
Brown sugar, packed	**6 tbsp.**	**100 mL**
Salt	**⅛ tsp.**	**0.5 mL**
Butter or margarine	**½ cup**	**125 mL**
Bar of butterscotch toffee	**6 oz.**	**170 g**
Corn syrup	**1 tbsp.**	**15 mL**
Water	**1 tbsp.**	**15 mL**
Butter or margarine	**2 tbsp.**	**30 mL**
Salt	**⅛ tsp.**	**0.5 mL**
Chopped walnuts	**⅔ cup**	**150 mL**

Bottom Layer: Measure first 4 ingredients into medium bowl. Crumble together well. Press into ungreased 9 x 9 - inch (22 x 22 cm) pan. Bake in 375°F (190°C) oven for 10 to 12 minutes.

Top Layer: Combine next 5 ingredients in saucepan. Melt over low heat. Break up toffee bar to speed melting. Add nuts. Pour over first layer. Bake in 375°F (190°C) oven for 8 to 10 minutes. Cool and cut into 25 squares.

Pictured on page 105.

While waiting and waiting and waiting for a friend to meet you on a certain corner, and you buy snacks from a corner stand, that won't count on your diet. Actually you are using the food as a legal device to avoid a loitering charge.

CARAMEL TOFFEE SQUARES

Now these are a real treat. Make this one of the first recipes to try.

All-purpose flour	**1¼ cups**	**300 mL**
Granulated sugar	**¼ cup**	**50 mL**
Butter	**½ cup**	**125 mL**
More butter	**2 tsp.**	**10 mL**
Butter	**½ cup**	**125 mL**
Brown sugar, packed	**½ cup**	**125 mL**
Corn syrup	**2 tbsp.**	**30 mL**
Sweetened condensed milk	**½ cup**	**125 mL**
Semisweet chocolate chips	**2 cups**	**450 mL**

Bottom Layer: Crumble first 4 ingredients well. Pack into ungreased 9 x 9 - inch (22 x 22 cm) pan. Bake in 350°F (180°C) oven for 20 minutes.

Second Layer: Combine next 4 ingredients in heavy saucepan. Bring to boil over medium heat. Boil 5 minutes, stirring constantly as it burns easily. Remove from heat. Beat with spoon slowly until it shows signs of thickening. Pour over bottom layer.

Third Layer: Melt chocolate in saucepan over low heat or over hot water. Pour over second layer. Chill. Cut into 36 squares.

Pictured on page 105.

If you are really on a strict diet, eat all the maple syrup you can. Since it is a wood product you wouldn't count it any more than you would count toothpicks.

BROWNIES

Not only is this the easiest and fastest brownie to make, it is also the best tasting ever.

Butter or margarine	**½ cup**	**125 mL**
Cocoa	**¼ cup**	**50 mL**
Eggs	**2**	**2**
Granulated sugar	**1 cup**	**225 mL**
All-purpose flour	**¾ cup**	**175 mL**
Chopped walnuts	**½ cup**	**125 mL**
Salt	**⅛ tsp.**	**0.5 mL**

In small saucepan melt butter and cocoa, stirring as it melts. Remove from heat.

In medium bowl beat eggs until frothy. Add sugar, flour, nuts and salt. Don't stir yet. Then pour cocoa mixture over top and stir all together. Scrape batter into greased 8 x 8 - inch (20 x 20 cm) pan. Bake in 350°F (180°C) oven for about 30 minutes until the edges begin to show signs of pulling away from the sides of the pan. Cut into 25 squares when cool. Frost for a more festive occasion.

ICING

For a glossy look, frost while brownies are still warm.

Icing (confectioner's) sugar	**1⅓ cups**	**300 mL**
Cocoa	**⅓ cup**	**75 mL**
Butter or margarine	**3 tbsp.**	**50 mL**
Hot coffee or water	**5 tsp.**	**25 mL**

Beat all together, adding more liquid if mixture is too firm to spread easily. Spread over baked brownies. Allow to set before cutting.

Pictured on page 105.

SESAME SQUARES

These squares have a chewy texture and a nutty taste.

Butter or margarine	**½ cup**	**125 mL**
Brown sugar, packed	**½ cup**	**125 mL**
All-purpose flour	**1½ cups**	**350 mL**
Egg	**1**	**1**
Raspberry or apricot jam	**1 cup**	**225 mL**
Eggs	**2**	**2**
Brown sugar, packed	**1 cup**	**225 mL**
Sesame seeds, toasted in moderate oven until golden	**½ cup**	**125 mL**
All-purpose flour	**1 tbsp.**	**15 mL**

Bottom Layer: Mix and crumble first 4 ingredients in bowl until mealy. Pat into 9 x 9 - inch (22 x 22 cm) ungreased pan. Bake in 350°F (180°C) oven for 10 minutes.

Filling: Spread jam over bottom layer which has cooled for 10 minutes.

Top Layer: Beat the 2 eggs with the second amount of sugar. Stir in seeds and flour. Spread over jam. Bake in 350°F (180°C) oven for about 25 minutes or until set and a nice golden color. Cut into 36 squares when cool.

Pictured on page 105.

While visiting a friend in the hospital and you are sampling his chocolates, you are not to worry. Just read the card and you will see it states very clearly that it is all intended for him.

LEMON SMACKS

Such a light and lemony square — food for the fairies.

All-purpose flour	**1½ cups**	**350 mL**
Brown sugar, packed	**½ cup**	**125 mL**
Butter or margarine	**½ cup**	**125 mL**
Egg yolks	**2**	**2**
Baking powder	**1 tsp.**	**5 mL**
Salt	**¼ tsp.**	**1 mL**
Lemon pie filling, your own or a mix	**1 cup**	**250 mL**
Egg whites	**2**	**2**
Brown sugar, packed	**1 cup**	**225 mL**
Chopped walnuts (optional but good)	**½ cup**	**125 mL**

Bottom Layer: Measure first 6 ingredients into bowl. Mix and crumble together until mealy in texture. Press in ungreased 9 x 9 - inch (22 x 22 cm) pan. Set aside.

Filling: Spoon lemon filling over bottom layer, spreading as best you can.

Top Layer: Beat egg whites until frothy. Add last amount of brown sugar ⅓ at a time, beating until stiff. If you are going to add walnuts, now is the time to fold them in. Spread over the lemon layer. Bake in 350°F (180°C) oven, for about 25 minutes until light golden brown. Cool. Cut with hot knife into 36 squares, dipping knife in hot water between each cut.

Pictured on page 105.

While at a church pot luck supper, eat lots. Food for the soul has no calories.

LEMON MARDI GRAS

This is a one layer square. Although it does take two beating times and one folding-in time, you can still have it in the oven right smartly. Sort of cakey.

Egg whites	**2**	**2**
Granulated sugar	**½ cup**	**125 mL**
Butter or margarine	**¼ cup**	**50 mL**
Granulated sugar	**½ cup**	**125 mL**
Egg yolks	**2**	**2**
Lemon juice	**3 tbsp.**	**45 mL**
Lemon rind, grated	**1 tsp.**	**5 mL**
All-purpose flour	**¾ cup**	**175 mL**
Baking powder	**½ tsp.**	**2 mL**
Salt	**¼ tsp.**	**1 mL**
Chopped walnuts	**⅓ cup**	**75 mL**

Beat egg whites until foamy. Add first amount of sugar gradually while beating until stiff. Set aside.

Mix butter, second amount of sugar, egg yolks and juice together and beat well. Stir in flour, baking powder, salt and nuts. Fold in beaten egg whites. Scrape into greased 8 x 8 - inch (20 x 20 cm) pan. Bake in 400°F (200°C) oven for 25 to 30 minutes. Spoon glaze over hot squares.

GLAZE

Granulated sugar	**¼ cup**	**50 mL**
Lemon juice	**3 tbsp.**	**45 mL**

Put sugar and juice in saucepan. Heat and stir to dissolve sugar. Spoon slowly over hot squares. Cut when cool into 25 squares.

Pictured on page 105.

BUTTER TART BARS

These have a rich caramel taste with a gooey, chewy texture.

Butter or margarine	**½ cup**	**125 mL**
Brown sugar, packed	**⅓ cup**	**75 mL**
All-purpose flour	**1¼ cups**	**300 mL**
Eggs	**2**	**2**
Brown sugar, packed	**1 cup**	**225 mL**
All-purpose flour	**¼ cup**	**50 mL**
Baking powder	**¾ tsp.**	**3 mL**
Salt	**¼ tsp.**	**1 mL**
Raisins	**1½ cups**	**350 mL**
Chopped walnuts	**½ cup**	**125 mL**

Bottom Layer: Crumble first 3 ingredients together in bowl. Press into ungreased 9 x 9 - inch (22 x 22 cm) pan. Bake in 350°F (180°C) oven for 10 minutes.

Top Layer: Beat eggs and second amount of sugar until light and thick. Add the rest of the ingredients. Stir and spread over bottom layer. Bake in 350°F (180°C) oven for about 30 minutes or until center is almost firm. Cut into 36 squares when cool.

Pictured on cover and page 105.

Take huge helpings. Don't let it be said you eat like a bird. Ever seen a vulture?

APRICOT CHEWS

The dried apricots give this a lot of flavor. The finer the apricots are cut up, the better.

Butter or margarine	**½ cup**	**125 mL**
All-purpose flour	**1¼ cups**	**300 mL**
Brown sugar, packed	**½ cup**	**125 mL**
Eggs	**2**	**2**
All-purpose flour	**⅓ cup**	**75 mL**
Baking powder	**1 tsp.**	**5 mL**
Sweetened condensed milk	**10 oz.**	**284 mL**
Flaked coconut	**1⅓ cups**	**300 mL**
Dried apricots, finely chopped	**1 cup**	**225 mL**

First Layer: Mix first 3 ingredients together. Crumble until mealy. Press into ungreased 9 x 9 - inch (22 x 22 cm) pan. Bake in 350°F (180°C) oven for 25 minutes.

Second Layer: Beat eggs in bowl until frothy. Measure in the rest of the ingredients. Stir well to mix. Spread over first layer. Bake in 350°F (180°C) oven for 35 minutes or until firm to touch. Cool. Store well covered. Cut into 36 squares.

Pictured on page 105.

Ever been in a grocery store and been handed samples of food to eat? Make the round twice to be sure you get your share. That is advertising, not calories.

RASPBERRY MERINGUE

A pretty treat to enhance any plate of goodies.

All-purpose flour	**1½ cups**	**350 mL**
Brown sugar, packed	**¾ cup**	**175 mL**
Baking powder	**2 tsp.**	**10 mL**
Butter or margarine	**½ cup**	**125 mL**
Egg yolks	**2**	**2**
Raspberry jam or other red jam	**1 cup**	**225 mL**
Egg whites	**2**	**2**
Brown sugar, packed	**¾ cup**	**175 mL**
Medium coconut	**1 cup**	**225 mL**

Bottom Layer: Crumble first 5 ingredients together. Press into ungreased 9 x 9 - inch (22 x 22 cm) pan. Set aside.

Filling: Begin by dropping small blobs of jam here and there over the bottom layer, then spread carefully.

Top Layer: Beat egg whites until frothy. Add last amount of brown sugar ⅓ at a time, beating until stiff. Fold in coconut. Spread over jam layer. Bake in 350°F (180°C) oven for 35 to 40 minutes. Cool. Cut with sharp knife, dipped in hot water between cuts. Yields 36 squares.

Pictured on page 53.

WALNUT BARS

It's a safe bet that everyone will like this better-known bar.

All-purpose flour	**1¼ cups**	**300 mL**
Butter or margarine	**½ cup**	**125 mL**
Brown sugar, packed	**⅓ cup**	**75 mL**
Eggs	**2**	**2**
Vanilla	**1 tsp.**	**5 mL**
Brown sugar, packed	**1¼ cups**	**300 mL**
All-purpose flour	**1 tsp.**	**5 mL**
Baking powder	**½ tsp.**	**2 mL**
Salt	**¼ tsp.**	**1 mL**
Chopped walnuts	**1 cup**	**225 mL**
Medium coconut	**½ cup**	**125 mL**

Bottom Layer: Crumble first 3 ingredients together well. Press in ungreased 9 x 9 - inch (22 x 22 cm) pan. Bake in 350°F (180°C) oven for 10 minutes.

Top Layer: Beat eggs slightly. Add next 7 ingredients in order given. Stir well and pour over bottom layer. Bake in 350°F (180°C) oven for 25 to 30 minutes until a rich brown color. These can be left as is or fancied up with icing. Cuts into 36 squares.

ICING

Icing (confectioner's) sugar	**1½ cups**	**350 mL**
Butter or margarine	**3 tbsp.**	**50 mL**
Vanilla	**½ tsp.**	**2 mL**
Water or milk	**5 tsp.**	**25 mL**

Beat all together in bowl adding more icing sugar or water if needed for easy spreading. Smooth over cooled bars.

Note: Use ¼ cup (50 mL) granulated sugar instead of brown in bottom layer for a whiter base. Also, crushed walnuts sprinkled over icing makes a nice variation.

Pictured on page 105.

PEANUT BUTTER CHIP SQUARES

More like a confection, it's so good.

Graham cracker crumbs	**1¼ cups**	**300 mL**
Butter or margarine, melted	**½ cup**	**125 mL**
Brown sugar, packed	**½ cup**	**125 mL**
All-purpose flour	**⅓ cup**	**75 mL**
Sweetened condensed milk	**10 oz.**	**284 mL**
Medium coconut	**2 cups**	**450 mL**
Semisweet chocolate chips	**2 cups**	**450 mL**
Peanut butter	**2 tbsp.**	**30 mL**

First Layer: Stir first 4 ingredients together. Press into 9 x 9 - inch (22 x 22 cm) ungreased pan. Bake in 350°F (180°C) oven for 10 minutes.

Second Layer: Stir condensed milk with coconut. Spread over first layer. Return to oven and bake 10 minutes or until it shows signs of browning lightly.

Third Layer: Melt chips and peanut butter in heavy saucepan over low heat. Stir now and then. Spread over second layer. Cool. A very good keeper and it freezes well. Cut into 36 squares.

Pictured on page 35.

CHOCOLATE SMACKS

For a melt-in-your-mouth snack, try this!

All-purpose flour	**1¼ cups**	**300 mL**
Cocoa	**¼ cup**	**50 mL**
Brown sugar, packed	**½ cup**	**125 mL**
Butter or margarine	**½ cup**	**125 mL**
Egg yolks	**2**	**2**
Baking powder	**1 tsp.**	**5 mL**
Salt	**¼ tsp.**	**1 mL**
Egg whites	**2**	**2**
Brown sugar, packed	**1 cup**	**225 mL**
Cocoa	**2 tbsp.**	**30 mL**
Chopped walnuts	**1 cup**	**225 mL**

Bottom Layer: Measure first 7 ingredients into bowl. Crumble together. Pat into ungreased 9 x 9 - inch (22 x 22 cm) pan. Set aside.

Top Layer: Beat the egg whites until frothy. Add last amount of brown sugar ⅓ at a time and beat after each addition until stiff. Add cocoa and beat to blend. Fold in nuts. Spread over bottom layer. Bake in 350°F (180°C) oven for about 25 minutes until golden brown. Cut with sharp knife, dipped in hot water between cuts. Yields 36 squares.

Pictured on page 105.

MYSTERY CAKE

It is a mystery to someone who doesn't cook as to just what makes this so delicious. It is thick and high.

Butter or margarine	**1 cup**	**250 mL**
All-purpose flour	**2 cups**	**500 mL**
Granulated or brown sugar	**½ cup**	**125 mL**
Eggs, beaten	**2**	**2**
Brown sugar, packed	**½ cup**	**125 mL**
All-purpose flour	**2 tbsp.**	**30 mL**
Baking powder	**½ tsp.**	**2 mL**
Dates, chopped	**1 cup**	**225 mL**
Chopped walnuts	**1 cup**	**225 mL**
Coconut	**1½ cups**	**350 mL**

Bottom Layer: Crumble first 3 ingredients together in bowl until mealy. Press in ungreased 9 x 9 - inch (22 x 22 cm) pan. Set aside.

Second Layer: Beat eggs slightly in bowl. Add rest of ingredients. Stir all together until combined. Spread over bottom layer. Bake in 350°F (180°C) oven for 30 minutes until brown. Cool and frost if desired. Cut into 36 squares.

ICING

Icing (confectioner's) sugar	**1½ cups**	**350 mL**
Butter or margarine	**3 tbsp.**	**50 mL**
Vanilla	**½ tsp.**	**2 mL**
Water or milk	**5 tsp.**	**25 mL**

Beat all together, adjusting liquid and sugar according to spreadability. Spread over cooled bars.

Pictured on page 105.

RAISIN SPICE BARS

Unlike Raisin Squares, these have spices in them which make them seem like a different type of bar altogether.

Brown sugar, packed	**½ cup**	**125 mL**
Water	**½ cup**	**125 mL**
Butter or margarine	**¼ cup**	**50 mL**
Raisins	**1 cup**	**250 mL**
Cinnamon	**1 tsp.**	**5 mL**
Nutmeg	**¼ tsp.**	**1 mL**
Cloves	**¼ tsp.**	**1 mL**
Salt	**½ tsp.**	**2 mL**
Baking soda	**½ tsp.**	**2 mL**
Water	**2 tsp.**	**10 mL**
All-purpose flour	**1 cup**	**250 mL**
Baking powder	**1 tsp.**	**5 mL**

In large saucepan combine first 8 ingredients. Bring to boil over medium heat. Simmer 3 minutes. Remove from heat.

Mix soda with 2 tsp. (10 mL) water and add to hot mixture. Stir. Cool.

Measure flour and baking powder into cooled mixture. Stir to mix. Scrape into greased 8 x 8 - inch (20 x 20 cm) pan. Bake in 350°F (180°C) oven for about 25 to 30 minutes until set. If desired, frost with lemon icing. Cut into 25 squares.

ICING

Icing (confectioner's) sugar	**1½ cups**	**350 mL**
Butter or margarine	**3 tbsp.**	**50 mL**
Lemon juice	**5 tsp.**	**25 mL**

Beat all together in bowl. If mixture tastes too strongly of lemon, add part water instead of all lemon juice. To get a lemon color, add a wee bit of yellow food coloring. The icing given with Caramel Slice is also ideal for these bars.

Pictured on page 105.

POPPY SEED SQUARES

Time to try a different flavor. The caramel icing seems to complement this square but it is very good without any icing.

Poppy seeds	**½ cup**	**125 mL**
Milk	**2 tbsp.**	**30 mL**
All-purpose flour	**1¾ cups**	**400 mL**
Granulated sugar	**1¼ cups**	**300 mL**
Baking powder	**1 tsp.**	**5 mL**
Baking soda	**¼ tsp.**	**1 mL**
Salt	**½ tsp.**	**2 mL**
Butter or margarine, melted	**½ cup**	**125 mL**
Honey	**⅓ cup**	**75 mL**
Eggs	**2**	**2**
Vanilla	**1 tsp.**	**5 mL**
Coconut	**1 cup**	**250 mL**

Measure poppy seed in cup. Cover with the milk and let stand.

Measure flour, sugar, baking powder, soda and salt into bowl. Stir. Add melted butter, honey, eggs and vanilla. Beat until blended. Stir in coconut and poppy seeds. Spread in greased 9 x 13 - inch (22 x 33 cm) pan. Bake in 350°F (180°C) oven for 30 to 40 minutes. Cool. Sprinkle with icing sugar or frost with caramel icing. Cut into 54 squares.

ICING

Brown sugar, packed	**¾ cup**	**175 mL**
Butter or margarine	**¼ cup**	**50 mL**
Milk	**2 tbsp.**	**30 mL**
Icing (confectioner's) sugar	**1½ cups**	**350 mL**

Bring brown sugar, butter and milk to a boil in saucepan over medium heat. Stir to dissolve sugar for a minute or so. Remove from heat. Cool. Add icing sugar adjusting sugar or milk for proper spreading consistency. Spread over cooled bars.

Pictured on page 35.

ALMOND BARS

Almonds seem to be a festive treat. These are slightly spicy.

Butter or margarine	**½ cup**	**125 mL**
More butter or margarine	**2 tbsp.**	**30 mL**
Granulated sugar	**6 tbsp.**	**100 mL**
All-purpose flour	**1½ cups**	**350 mL**
Whipping cream	**½ cup**	**125 mL**
Almonds, ground	**½ cup**	**125 mL**
Brown sugar	**1 tbsp.**	**15 mL**
Cinnamon	**1 tsp.**	**5 mL**
Egg yolk, fork beaten	**1**	**1**

Bottom Layer: Crumble first 4 ingredients together in bowl. Pack into ungreased 8 x 8 - inch (20 x 20 cm) pan. Bake in 325°F (150°C) oven for 20 minutes. Cool.

Second Layer: Whip cream until stiff. Fold in almonds, sugar, cinnamon and egg yolk. Spread over cooled bottom layer. Bake in 325°F (150°C) oven for about 40 minutes. Cool and glaze.

GLAZE

Icing sugar	**½ cup**	**125 mL**
Lemon juice	**1 tbsp.**	**15 mL**

Stir together in small bowl, adding more sugar or juice as needed so it will just barely pour from spoon. Spread over bars. Allow to set before cutting into 25 squares.

Pictured on page 35.

METRIC CONVERSION

Throughout this book measurements are given in conventional and metric measure. To compensate for differences between the two measurements due to rounding, a full metric measure is not always used.
The cup used is the standard 8 fluid ounce.
Temperature is given in degrees Fahrenheit and Celsius.
Baking pan measurements are in inches and centimetres, as well as quarts and litres.
An exact conversion is given below as well as the working equivalent.

Spoons	**Exact Conversion**	**Standard Metric Measure**
¼ teaspoon	1.2 millilitres	1 millilitre
½ teaspoon	2.4 millilitres	2 millilitres
1 teaspoon	4.7 millilitres	5 millilitres
2 teaspoons	9.4 millilitres	10 millilitres
1 tablespoon	14.2 millilitres	15 millilitres
Cups		
¼ cup (4 T)	56.8 millilitres	50 millilitres
⅓ cup (5⅓ T)	75.6 milliltres	75 millilitres
½ cup (8 T)	113.7 millilitres	125 millilitres
⅔ Cup (10⅔ T)	151.2 millilitres	150 millilitres
¾ cup (12 T)	170.5 millilitres	175 millilitres
1 cup (16 T)	227.3 millilitres	250 millilitres
4½ cups	984.8 millilitres	1000 millilitres, 1 litre
Ounces — Weight		
1 oz.	28.3 grams	30 grams
2 oz.	56.7 grams	55 grams
3 oz.	85 grams	85 grams
4 oz.	113.4 grams	125 grams
5 oz.	141.7 grams	140 grams
6 oz.	170.1 grams	170 grams
7 oz.	198.4 grams	200 grams
8 oz.	226.8 grams	250 grams
16 oz.	453.6 grams	500 grams
32 oz.	917.2 grams	1000 grams, 1 kg.
Pans, Casseroles		
8 x 8-inch	20 x 20 cm, 2L	8 x 2-inch round, 20 x 5 cm, 2L
9 x 9-inch	22 x 22 cm, 2.5 L	9 x 2-inch round, 22 x 5 cm, 2.5L
9 x 13-inch	22 x 33 cm, 4L	10 x 4½-inch tube, 25 x 11 cm, 5L
10 x 15-inch	25 x 38 cm, 1.2L	8 x 4 x 3-inch loaf, 20 x 10 x 7 cm, 1.5L
14 x 17-inch	35 x 43 cm, 1.5L	9 x 5 x 3-inch loaf, 23 x 12 x 7 cm, 2L

Oven Temperatures

Fahrenheit	Celsius	Fahrenheit	Celsius	Fahrenheit	Celsius
175°	80°	300°	150°	425°	220°
200°	100°	325°	160°	450°	230°
225°	110°	350°	180°	475°	240°
250°	120°	375°	190°	500°	260°
275°	140°	400°	200°		

Almond Bars..... 147
Almond Date Squares 89
Apple
  Frieda's Number 89..... 107
Apple Squares..... 70
Apricot Chews..... 139
Apricot Roll..... 19
Apricot Zings 86
Australian Honey Bars 95

Baba Rum Roll 12
Baked Fruit Roll 101
Banana
  Cherry Wonder..... 30
Banana Bars 66
Banana Oat Squares 49
Bikini Bars 131
Black Bottom Slice 51
Bridge Peel Dainties..... 24
Brownies..... 134
Brownies
  Butterscotch Brownies..... 61
  Cream Cheese Brownies 80
  Double Brownies..... 74
  Marble Squares 68
  Pineapple Brownies..... 69
  Saucepan Brownies..... 23
Butterscotch Brownies..... 61
Butterscotch Coconut Squares 27
Butterscotch Confetti..... 33
Butterscotch Toffee Bars..... 132
Butter Tart Bars 138

Caramel Shortbread..... 129
Caramel Slice..... 65
Caramel Toffee Squares 133
Caribbean Bars 63
Cereal
  Chocolate Crisps 10
  Chocolate Peanut Cookies... 32
  Fudgy Macaroons..... 20
  Krispy Krunch Bars 38
  Peanut Butter Rice Krispies 9
  Peanut Krispie Squares..... 41
  Puffed Wheat Squares..... 26
  Rice Krispies 9
Cereal Slice 15
Cheese Apple Squares..... 76
Cherries
  Bikini Bars 131
  Caribbean Bars..... 63
  Chocolate Carousels..... 31
  Chocolate Cherry Creams ... 33
  Chocolate Cherry Slice 64
  Chocolate Fruit Squares..... 97
  Chocolate Roll..... 8
  Cream Cheese Brownies 80
  Fancy Whip Up..... 11
  Festive Fruit 43
  Fruit Marmalade Squares ... 55
  Fruit Roll..... 20
  Fruity Fruit Slice 62
  Oh Henry Bars 44
  Snow Log..... 24
Cherry Almond Squares 79
Cherry Squares..... 90
Cherry Triangles..... 77
Cherry Wonder 30
Chewy Candy Bars 113
Chewy Nut Bars 108
Chinese Chews 119
Chip Crumbles..... 82
Chocolate
  Baba Rum Roll 12
  Brownies 134
  Chow Mein Noodles..... 34
  Flat Truffles..... 16
  Fruit Roll..... 20
  Marshmallow Roll 38
  Midnight Mints..... 13
  Millionaire Squares..... 45
  Nanaimo Bars..... 40
  Peanut Krispie Squares..... 41
  Pineapple Brownies..... 69
  Puffed Wheat Squares..... 26
  Saucepan Brownies..... 23
Chocolate Boil 21
Chocolate Carousels 31
Chocolate Cherry Creams 33
Chocolate Cherry Slice..... 64
Chocolate Chip Squares 121
Chocolate Coconut Layer..... 25
Chocolate Coconut Melts..... 128
Chocolate Confetti..... 28

Chocolate Crisps 10
Chocolate Date Nut Squares .. 88
Chocolate Fruit Squares 97
Chocolate Nut Shortcake 57
Chocolate Oh Henry Squares 42
Chocolate Orange Drops..... 94
Chocolate Peanut Cookies..... 32
Chocolate Peppermint Slice ... 126
Chocolate Roll 8
Chocolate Smacks..... 143
Chocolate T.V. Roll..... 28
Chocolate Walnut Slice 84
Chow Mein Noodles 34
Cinnamon Bars 130
Coconut Graham Cake..... 85
Coconut Lemon Bars..... 99
Coconut Roll..... 12
Coffee
  Tropical Treat 29
Condensed Milk
  Apricot Chews 139
  Bikini Bars 131
  Bridge Peel Dainties 24
  Caramel Shortbread 129
  Caramel Toffee Squares..... 133
  Chewy Candy Bars..... 113
  Chocolate Coconut Melts.... 128
  Condensed Squares 99
  Five-Cup Slice 78
  Lemon Graham Slice 128
  Magic Bars 122
  Marshmallow Roll 38
  Neapolitan Squares..... 83
  Peanut Butter Chip Squares 142
  Peanut Butter Rice Krispies 9
  Quick Hurry Bars..... 79
  Rainbow Pastel..... 25
Condensed Squares..... 99
Cranberry
  Frieda's Number 89..... 107
Cranberry Oat Squares 56
Cranberry Squares 111
Cream Cheese
  Chewy Candy Bars..... 113
  Pineapple Log 39
  Snow Log..... 24
Cream Cheese Brownies..... 80
Date
  Almond Date Squares 89
  Baked Fruit Roll 101
  Bikini Bars 131
  Bridge Peel Dainties 24
  Chinese Chews..... 119
  Chocolate Carousels..... 31
  Chocolate Date Nut Squares 88
  Chocolate Fruit Squares..... 97
  Chocolate Peanut Cookies... 32
  Festive Fruit 43
  Fruit Marmalade Squares ... 55
  Fruit Roll..... 20
  Fruity Fruit Slice 62
  Graham Wafer Chew 87
  Matrimonial Squares 50
  Merry Fruit Bars..... 95
  Mystery Cake..... 144
  Orange Coconut Chews 112
  Orange Date Bars 116
Date Pecan Bars..... 93
Double Brownies..... 74

Easy Graham Bars 102

Fancy Whip Up..... 11
Festive Fruit..... 43
Festive Fruit Cake 67
Five-Cup Slice 78
Flat Truffles..... 16
Frieda's Number 89 107
Fruit
  Bridge Peel Dainties 24
  Festive Fruit 43
  Festive Fruit Cake 67
  Merry Fruit Bars..... 95
Fruit Cocktail Bars..... 81
Fruit Marmalade Squares..... 55
Fruit Roll 20
Fruity Fruit Slice..... 62
Fudgy Macaroons 20

Ginger Bar 120
Ginger Shortbread 49
Graham Mint Roll 19
Graham Wafer Chew..... 87

Grant's Special 117
Gumdrop Bars..... 78

Hermit Slice..... 47
Honey
  Australian Honey Bars..... 95
  Chocolate Crisps 10
  Poppy Seed Squares 146

Jam
  Banana Bars..... 66
  Chocolate Nut Shortcake.... 57
  Fruit Marmalade Squares ... 55
  Marmalade Bars 100
  Marzipan Bars..... 73
  Raspberry Bars..... 92
  Raspberry Meringue..... 140
  Raspberry Smacks 115
  Sesame Squares 135
Jellied Marshmallows..... 26

Krispy Krunch Bars..... 38

Lemon
  Coconut Lemon Bars 99
Lemon Crumb Squares 118
Lemon Crunch..... 60
Lemon Graham Slice 128
Lemon Mardi Gras 137
Lemon Slice 48
Lemon Smacks 136
Lemon Squares..... 114

Magic Bars..... 122
Marble Squares 68
Marshmallow Roll..... 38
Marshmallow Squares..... 110
Marshmallows
  Bridge Peel Dainties 24
  Butterscotch Confetti 33
  Chocolate Confetti 28
  Chocolate Roll..... 8
  Chocolate T.V. Roll 28
  Festive Fruit 43
  Marble Squares 68
  Nummies 37
  Pineapple Log 39
  Rice Krispies 9
  Saucepan Brownies..... 23
  S'Mores..... 10
  T.V. Roll 32
Marmalade Bars..... 100
Marzipan Bars 73
Matrimonial Squares..... 50
Meringue
  Chocolate Smacks 143
  Grant's Special..... 117
  Lemon Slice 48
  Lemon Smacks..... 136
  Nut Smacks 127
  Raspberry Meringue..... 140
  Raspberry Smacks 115
Merry Fruit Bars..... 95
Midnight Mints 13
Millionaire Squares 45
Mincemeat Squares..... 75
Molasses Bars 91
Mystery Cake 144

Nanaimo Bars 40
Neapolitan Squares 83
Nummies 37
Nut Smacks..... 127
Nutted Gum Drops..... 46
Nutty Bars 52
Nutty Spice Slice..... 58

Oh Henry Bars..... 44
Oh Henry Butterscotch:..... 14
Orange Coconut Chews..... 112
Orange Date Bars 116
Orange Squares 103

Peanut Butter
  Cereal Slice..... 15
  Chocolate Crisps 10
  Chocolate Peanut Cookies... 32
  Coconut Roll..... 12
  Krispy Krunch Bars 38
  Peanut Krispie Squares..... 41
Peanut Butter Bars 82
Peanut Butter Chip Squares... 142
Peanut Butter Rice Krispies.... 9
Peanut Krispie Squares..... 41

Peanuts
Chocolate Crisps 10
Chocolate Nut Shortcake 57
Five-Cup Slice 78
Grant's Special 117
Peppermint
Chocolate Peppermint Slice 126
Graham Mint Roll 19
Midnight Mints 13
Pineapple
Caribbean Bars 63
Fruit Roll 20
Pineapple Bars 59
Pineapple Brownies 69
Pineapple Filled Bars 102
Pineapple Log 39
Poppy Seed Squares 146
Potato Chip Bars 104
Prune Chips 96
Puffed Wheat Squares 26

Quick Hurry Bars 79

Rainbow Pastel 25
Raisin Quickie 22
Raisin Spice Bars 145
Raisin Squares 101
Raisins
Australian Honey Bars 95
Butter Tart Bars 138
Coconut Lemon Bars 99
Cranberry Squares 111
Festive Fruit 43
Five-Cup Slice 78
Fruit Marmalade Squares ... 55
Fruit Roll 20
Orange Squares 103
Three Layer Slice 109
Raspberry Bars 92
Raspberry Meringue 140
Raspberry Smacks 115
Rice Krispies 9
Rolled Oats
Banana Oat Squares 49
Chewy Candy Bars 113
Cranberry Oat Squares 56
Gumdrop Bars 78
Matrimonial Squares 50
Mincemeat Squares 75

Saucepan Brownies 23
Scotch Shortbread 56
Sesame Squares 135
Shortbread
Caramel Shortbread 129
Ginger Shortbread 49
Scotch Shortbread 56
S'Mores 10
Snow Log 24
Spice
Almond Bars 147
Apple Squares 70
Cinnamon Bars 130
Frieda's Number 89 107
Hermit Slice 47
Molasses Bars 91
Nutty Spice Slice 58
Prune Chips 96
Raisin Spice Bars 145
Swirl Squares 125

Three Layer Slice 109
T.V. Roll 32
Tropical Treat 29
Tweed Squares 98

Walnut Bars 141

Company's Coming®

Taste The Tradition

SAVE $5.00

Mail to:
COMPANY'S COMING PUBLISHING LIMITED
BOX 8037, STATION "F"
EDMONTON, ALBERTA, CANADA T6H 4N9

Special Mail Offer: Order any 2 **Company's Coming Cookbooks** by mail at regular prices and **save $5.00** on every third copy per order. Not valid in combination with any other offer.

Please send the following number of **Company's Coming Cookbooks** to the address on the reverse side of this coupon:

Qty.	Title	Each	Total
	150 DELICIOUS SQUARES	$9.95	
	CASSEROLES	$9.95	
	MUFFINS & MORE	$9.95	
	SALADS	$9.95	
	APPETIZERS	$9.95	
	DESSERTS	$9.95	
	SOUPS & SANDWICHES	$9.95	
	HOLIDAY ENTERTAINING	$9.95	
	COOKIES	$9.95	
	JEAN PARÉ'S FAVORITES VOLUME ONE 232 pages, hard cover	$17.95	
	VEGETABLES (April 1989)	$9.95	
Total Qty.	Total Cost of Cookbooks	$	
	Plus $1.00 postage and handling per copy	$	
Less $5.00 for every third copy per order		— $	
Plus International Shipping Expenses (add $4.00 if outside Canada and U.S.A.)		$	
Total Amount Enclosed		$	

Orders Outside Canada — amount enclosed must be paid in U.S. Funds.

Make cheque or money order payable to: "Company's Coming Publishing Limited"

. . . don't forget to take advantage of the **$5.00 saving** — buy 2 copies by mail and **save $5.00** on every third copy per order.

Prices subject to change after December 31, 1989.

Sorry, no C.O.D.'s.

Company's Coming®

Taste The Tradition

SAVE $5.00

Mail to:
COMPANY'S COMING PUBLISHING LIMITED
BOX 8037, STATION "F"
EDMONTON, ALBERTA, CANADA T6H 4N9

Special Mail Offer: Order any 2 **Company's Coming Cookbooks** by mail at regular prices and **save $5.00** on every third copy per order. Not valid in combination with any other offer.

Please send the following number of **Company's Coming Cookbooks** to the address on the reverse side of this coupon:

Qty.	Title	Each	Total
	150 DELICIOUS SQUARES	$9.95	
	CASSEROLES	$9.95	
	MUFFINS & MORE	$9.95	
	SALADS	$9.95	
	APPETIZERS	$9.95	
	DESSERTS	$9.95	
	SOUPS & SANDWICHES	$9.95	
	HOLIDAY ENTERTAINING	$9.95	
	COOKIES	$9.95	
	JEAN PARÉ'S FAVORITES VOLUME ONE 232 pages, hard cover	$17.95	
	VEGETABLES (April 1989)	$9.95	
Total Qty.	Total Cost of Cookbooks	$	
	Plus $1.00 postage and handling per copy	$	
Less $5.00 for every third copy per order		— $	
Plus International Shipping Expenses (add $4.00 if outside Canada and U.S.A.)		$	
Total Amount Enclosed		$	

Orders Outside Canada — amount enclosed must be paid in U.S. Funds.

Make cheque or money order payable to: "Company's Coming Publishing Limited"

. . . don't forget to take advantage of the **$5.00 saving** — buy 2 copies by mail and **save $5.00** on every third copy per order.

Prices subject to change after December 31, 1989.

Sorry, no C.O.D.'s.

GIVE Company's Coming® TO A FRIEND!

Please send Company's Coming Cookbooks listed on the reverse side of this coupon to:

NAME _____

STREET _____

CITY _____

PROVINCE/STATE _____ POSTAL CODE/ZIP _____

GIFT GIVING — WE MAKE IT EASY!

We will send Company's Coming cookbooks directly to the recipients of your choice — the perfect gift for birthdays, showers, Mother's Day, Father's Day, graduation or any occasion!

Please specify the number of copies of each title on the reverse side of this coupon and provide us with the name and address for each gift order. Enclose a personal note or card and we will include it with your order . . .

. . . and don't forget to take advantage of the **$5.00 saving** — buy 2 copies of **Company's Coming Cookbooks** by mail and **save $5.00** on every third copy per order.

Company's Coming — We Make It Easy — You Make it Delicious!

GIVE Company's Coming® TO A FRIEND!

Please send Company's Coming Cookbooks listed on the reverse side of this coupon to:

NAME _____

STREET _____

CITY _____

PROVINCE/STATE _____ POSTAL CODE/ZIP _____

GIFT GIVING — WE MAKE IT EASY!

We will send Company's Coming cookbooks directly to the recipients of your choice — the perfect gift for birthdays, showers, Mother's Day, Father's Day, graduation or any occasion!

Please specify the number of copies of each title on the reverse side of this coupon and provide us with the name and address for each gift order. Enclose a personal note or card and we will include it with your order . . .

. . . and don't forget to take advantage of the **$5.00 saving** — buy 2 copies of **Company's Coming Cookbooks** by mail and **save $5.00** on every third copy per order.

Company's Coming — We Make It Easy — You Make it Delicious!

Company's Coming®

Taste The Tradition

SAVE $5.00

Mail to:
COMPANY'S COMING PUBLISHING LIMITED
BOX 8037, STATION "F"
EDMONTON, ALBERTA, CANADA T6H 4N9

Special Mail Offer: Order any 2 **Company's Coming Cookbooks** by mail at regular prices and **save $5.00** on every third copy per order. Not valid in combination with any other offer.

Please send the following number of **Company's Coming Cookbooks** to the address on the reverse side of this coupon:

Qty.	Title	Each	Total
	150 DELICIOUS SQUARES	$9.95	
	CASSEROLES	$9.95	
	MUFFINS & MORE	$9.95	
	SALADS	$9.95	
	APPETIZERS	$9.95	
	DESSERTS	$9.95	
	SOUPS & SANDWICHES	$9.95	
	HOLIDAY ENTERTAINING	$9.95	
	COOKIES	$9.95	
	JEAN PARÉ'S FAVORITES VOLUME ONE 232 pages, hard cover	$17.95	
	VEGETABLES (April 1989)	$9.95	
Total Qty.	Total Cost of Cookbooks	$	
	Plus $1.00 postage and handling per copy	$	
Less $5.00 for every third copy per order		— $	
Plus International Shipping Expenses (add $4.00 if outside Canada and U.S.A.)		$	
Total Amount Enclosed		$	

Orders Outside Canada — amount enclosed must be paid in U.S. Funds.

Make cheque or money order payable to: "Company's Coming Publishing Limited"

. . . don't forget to take advantage of the **$5.00 saving** — buy 2 copies by mail and **save $5.00** on every third copy per order.

Prices subject to change after December 31, 1989.

Sorry, no C.O.D.'s.

Company's Coming®

Taste The Tradition

SAVE $5.00

Mail to:
COMPANY'S COMING PUBLISHING LIMITED
BOX 8037, STATION "F"
EDMONTON, ALBERTA, CANADA T6H 4N9

Special Mail Offer: Order any 2 **Company's Coming Cookbooks** by mail at regular prices and **save $5.00** on every third copy per order. Not valid in combination with any other offer.

Please send the following number of **Company's Coming Cookbooks** to the address on the reverse side of this coupon:

Qty.	Title	Each	Total
	150 DELICIOUS SQUARES	$9.95	
	CASSEROLES	$9.95	
	MUFFINS & MORE	$9.95	
	SALADS	$9.95	
	APPETIZERS	$9.95	
	DESSERTS	$9.95	
	SOUPS & SANDWICHES	$9.95	
	HOLIDAY ENTERTAINING	$9.95	
	COOKIES	$9.95	
	JEAN PARÉ'S FAVORITES VOLUME ONE 232 pages, hard cover	$17.95	
	VEGETABLES (April 1989)	$9.95	
Total Qty.	Total Cost of Cookbooks	$	
	Plus $1.00 postage and handling per copy	$	
Less $5.00 for every third copy per order		— $	
Plus International Shipping Expenses (add $4.00 if outside Canada and U.S.A.)		$	
Total Amount Enclosed		$	

Orders Outside Canada — amount enclosed must be paid in U.S. Funds.

Make cheque or money order payable to: "Company's Coming Publishing Limited"

. . . don't forget to take advantage of the **$5.00 saving** — buy 2 copies by mail and **save $5.00** on every third copy per order.

Prices subject to change after December 31, 1989.

Sorry, no C.O.D.'s.

GIVE Company's Coming® TO A FRIEND!

Please send Company's Coming Cookbooks listed on the reverse side of this coupon to:

NAME _____

STREET _____

CITY _____

PROVINCE/STATE _____ POSTAL CODE/ZIP _____

GIFT GIVING — WE MAKE IT EASY!

We will send Company's Coming cookbooks directly to the recipients of your choice — the perfect gift for birthdays, showers, Mother's Day, Father's Day, graduation or any occasion!

Please specify the number of copies of each title on the reverse side of this coupon and provide us with the name and address for each gift order. Enclose a personal note or card and we will include it with your order . . .

. . . and don't forget to take advantage of the **$5.00 saving** — buy 2 copies of **Company's Coming Cookbooks** by mail and **save $5.00** on every third copy per order.

Company's Coming — We Make It Easy — You Make it Delicious!

GIVE Company's Coming® TO A FRIEND!

Please send Company's Coming Cookbooks listed on the reverse side of this coupon to:

NAME _____

STREET _____

CITY _____

PROVINCE/STATE _____ POSTAL CODE/ZIP _____

GIFT GIVING — WE MAKE IT EASY!

We will send Company's Coming cookbooks directly to the recipients of your choice — the perfect gift for birthdays, showers, Mother's Day, Father's Day, graduation or any occasion!

Please specify the number of copies of each title on the reverse side of this coupon and provide us with the name and address for each gift order. Enclose a personal note or card and we will include it with your order . . .

. . . and don't forget to take advantage of the **$5.00 saving** — buy 2 copies of **Company's Coming Cookbooks** by mail and **save $5.00** on every third copy per order.

Company's Coming — We Make It Easy — You Make it Delicious!